connaissance
D'UNE ŒUVRE

Abbé Prévost

Manon Lescaut

2e édition

Flore GALTAYRIES
Agrégée de lettres modernes,
ancienne élève de l'École normale
supérieure

Bréal
by Studyrama

Retrouvez toute la collection

« Connaissance d'une œuvre »

sur notre site

www.librairie.studyrama.com

Maquette et mise en page : Loïc Pennanéac'h

ISBN 978 2 7495 5186 9

AVANT-PROPOS

L'Histoire du chevalier Des Grieux et de Manon Lescaut est un chef-d'œuvre à plusieurs titres : admirablement resserré sur une intrigue en flash-back qui tient le lecteur en haleine jusqu'aux dernières pages, le roman se lit d'une traite et surprend le lecteur au moment où il s'y attend le moins. Mais c'est sans doute à la relecture, quand l'attention se détourne de l'attente du dénouement et peut à loisir se concentrer sur les diverses subtilités et ambiguïtés que l'intérêt du roman atteint son apogée.

Apprécié pendant très longtemps comme une réussite exemplaire d'histoire tragique, le roman se lit désormais de plus en plus comme une précoce contribution à l'esprit des Lumières. Le texte fournit en effet des indices qui peuvent guider la lecture dans le sens d'une interprétation en accord avec l'esprit critique de cette période et le silence final (du narrateur comme de l'auteur) incite moins à juger les personnages qu'à réfléchir aux conditions sociales et philosophiques qui ont rendu possible leur comportement.

Tout en donnant quelques indications sur le contexte de création de l'œuvre et en fournissant les repères nécessaires à une compréhension d'ensemble, l'étude qui suit vise à fournir des pistes qui pourront faciliter la lecture.

Les références des citations données dans le présent ouvrage sont tirées de l'édition établie par Jean Sgard, chez GF Flammarion, 1995.

SOMMAIRE

I

REPÈRES

Situation politique (fin XVIIe - première moitié du XVIIIe)

La fin du règne de Louis XIV (1700-1715)

Jusqu'à sa mort, en 1715, Louis XIV poursuit une politique extérieure de prestige, qui rencontre de plus en plus de critiques car elle s'accompagne aussi de plus en plus souvent de défaites. En 1701, il se lance notamment dans la longue guerre de la Succession d'Espagne, qui se clôt en 1713 par les traités d'Utrecht (1713) et de Rastatt (1714), et signe l'affaiblissement des positions françaises.

Le pays est accablé d'impôts (l'impôt du dixième est créé en 1710), et frôle la catastrophe économique et sociale lors du Grand Hiver de 1709 et de sa terrible disette. Les tensions religieuses demeurent fortes : le pouvoir condamne le quiétisme en 1699, persiste dans sa lutte contre les protestants (grave révolte des camisards des Cévennes, de 1702 à 1705), et entame une longue lutte contre les jansénistes (qui ira jusqu'à la destruction de l'abbaye de Port-Royal des Champs en 1712 suivie de la bulle papale Unigenitus, en 1713, qui condamne le jansénisme et oblige les congrégations jansénistes à se disperser). C'est au contraire l'âge d'or de l'enseignement et des établissements jésuites (jusqu'à leur interdiction, en 1763).

La fin du règne de Louis XIV est aussi assombrie par le développement d'un mécontentement aristocratique et par une succession de deuils royaux (mort du Grand Dauphin en 1711, suivie de près par le duc de Bourgogne, petit-fils de Louis XIV, en 1712).

La régence de Philippe d'Orléans (1715-1723)

Dans l'attente de la majorité du futur Louis XV, la régence est assurée par Philippe d'Orléans. Une curieuse période de réaction débute, à l'opposé de celle qui s'achève. Encouragée par le Régent, une formidable libération des mœurs a lieu : il n'est plus question que de divertissements et de fêtes. Avant le temps de la contestation explicite et virulente menée par les philosophes dans la seconde moitié du siècle, c'est déjà une époque de « lumières » qui point, même si les innovations qu'elle mène, tant monétaires que politiques, se soldent le plus souvent par des échecs.

Pour gouverner, le Régent s'entoure d'un système de gouvernement inédit appelé *polysynodie*, qui s'effondre dès 1718. L'abbé Dubois, conseiller du Régent, gouverne ensuite jusqu'à sa mort, en 1723. Une « triple alliance » est signée grâce à lui entre la France, l'Angleterre et la Hollande (1717). La période est également propice aux innovations sur les plans monétaire et financier : l'Écossais John Law fonde en France une banque d'un genre nouveau en 1716, et lance le papier-monnaie. Mais ces innovations modernes sont compromises par une spéculation excessive, et c'est la banqueroute dès 1720, immédiatement suivie d'une lourde crise financière. À Marseille, Toulon, puis dans toute la Provence, une famine a lieu, suivie en 1720 d'une terrible peste.

Sur le plan de la politique extérieure, on assiste au développement du commerce et des colonies (fondation de La Nouvelle-Orléans en 1718), grâce aux comptoirs de grandes compagnies commerciales, comme l'éphémère Compagnie d'Occident (1718) ou la Compagnie des Indes. Les guerres ne cessent pas pour autant puisqu'en 1718 a lieu un nouveau conflit franco-espagnol, qui débouche en 1721 sur une nouvelle alliance entre la France, l'Espagne et l'Angleterre.

Le début du règne de Louis XV

Jusqu'en 1743, date à laquelle débute son règne « personnel » (1743-1774), Louis XV confie le gouvernement à plusieurs Premiers ministres : le cardinal de Fleury est celui dont le « règne » sera le plus long (1726-1743). Pacifiste, il impose une trêve dans les guerres de conquête qui permet au pays de respirer un peu et à l'économie de prendre un relatif essor. Une réforme monétaire assainit le système, la Ferme générale est reconstituée tandis que Philibert Orry, contrôleur général des finances en 1730, administre le Trésor avec une rigueur nouvelle. Néanmoins, la France connaît de graves difficultés intérieures en raison de la question religieuse (le problème janséniste) sur laquelle se greffe l'agitation parlementaire, puis en plongeant de nouveau dans la guerre, avec la guerre de la Succession de Pologne de 1733 à 1738, la guerre de la Succession d'Autriche de 1740 à 1748 (traité d'Aix-la-Chapelle) et une guerre coloniale menée par Louis XV contre l'Angleterre (1744-1758), tandis que des révoltes populaires et urbaines se multiplient dans tout le pays.

Contexte culturel et expansion romanesque

On assiste, au début du XVIIIe siècle, au développement de nouveaux lieux de sociabilité : cafés et salons littéraires (celui de Mme de Lambert est un des plus connus, dès les années 1710) contribuent à la diffusion et à la confrontation d'idées nouvelles, ainsi qu'à l'émergence d'un nouvel esprit, volontiers ludique et critique. La production littéraire est néanmoins toujours contrôlée par le pouvoir grâce au système des « privilèges « (ou autorisation de publication) et à l'institution de la censure, organisme encore bien vivant qui se durcit même dans les années 1730 (le chancelier d'Aguesseau décide, en 1737, de la proscription des romans). Le roman, considéré comme un genre dangereux, surtout pour l'ordre et la morale établis, est particulièrement surveillé. La conséquence est l'impression, en Hollande ou en Angleterre (pays plus libéraux), d'un très grand nombre d'œuvres, ainsi que le développement de réseaux de diffusion clandestins.

Dans la première moitié du siècle, le roman doit se battre pour conquérir ses lettres de noblesse et s'imposer en tant que genre sérieux. En plus des autorités politiques, il a en effet de redoutables adversaires en la personne des jésuites, qui lui reprochent tantôt son immoralité, tantôt son détachement trop grand de la réalité et ses excès de merveilleux et d'invraisemblable : à la fin du XVIIe siècle et au tout début du XVIIIe, le goût est encore souvent aux « faits » et aux « aventures », aux contes de fées (Perrault, la comtesse d'Aulnoy…) et aux récits des *Mille et Une Nuits* que la traduction de Galland (parue de 1704 à 1717) fait connaître en France. Mais le public commence aussi à témoigner d'un besoin grandissant de « vraisemblance ».

Le terme « roman » n'étant pas à la mode, les titres d'ouvrages narratifs en prose annoncent des « histoires », des « vies », des « nouvelles », des « voyages », des « aventures », des « mémoires » ou des « lettres », ce qui crée un effet de réel auquel est le plus souvent associée une préface dans laquelle l'auteur (caché derrière le nom d'éditeur, de narrateur ou de secrétaire) s'ingénie à justifier l'utilité morale de son œuvre, dont il refuse en général d'avouer la paternité. La stratégie du manuscrit anonyme retrouvé au fond d'une malle ou d'une armoire, et dont l'auteur propose une transcription ou une simple copie, est tellement fréquente qu'elle devient rapidement un topos des pages introductives.

Malgré (ou grâce à ?) cette double offensive contre le roman, la création romanesque connaît donc, en ce début de XVIIIe siècle, un véritable foisonnement. Le genre n'étant pas doté de règles fixes, il laisse aux auteurs une grande liberté de création. Quelques lignes de force s'imposent néanmoins : après la vogue des longs romans héroïco-galants de la seconde moitié du XVIIe siècle, après celle de la nouvelle de style noble et tragique où s'illustre Mme de Lafayette, et celle des romans satiriques et réalistes (Scarron), le début du siècle est très marqué par le roman d'apprentissage à la première personne inspiré du roman picaresque espagnol (l'*Histoire de Gil Blas*, de Lesage, dont les différents tomes paraissent de 1715 à 1735), ou par le roman d'ascension sociale : *La Vie de Marianne* (1731-1741), et *Le Paysan parvenu* (1734-1735) sont deux romans inachevés de Marivaux dont les nombreuses tentatives de

« suite » témoignent du goût du public pour cette forme romanesque nouvelle. L'ironie que se permettent les narrateurs à l'égard de l'aristocratie confirme l'affaiblissement de ses valeurs.

Le roman gagne aussi en légitimité grâce aux œuvres où s'allie fortement réflexion philosophique et invention narrative : les *Aventures de Télémaque* (1699) du très docte Fénelon ou les *Lettres persanes* (1721) de Montesquieu y contribuent efficacement.

Parallèlement, le roman trouve une autre source d'inspiration et de réflexion dans le tableau des sentiments et de la passion amoureuse. Beaucoup des œuvres qui paraissent sous le titre de « mémoires de... » sont en réalité de pseudo-Mémoires, c'est-à-dire les mémoires d'un personnage fictif (le plus souvent issu de l'aristocratie) qui mêle au récit de ses aventures, à la première personne, celui de sa formation amoureuse : sur le mode humoristique parfois, comme c'est le cas pour les *Mémoires du comte de Gramont* d'Hamilton (1709), tragi-comique pour *Les Illustres Françaises* de Robert Challe (1711) ou pratiquant le mélange des tons comme dans la plupart des romans de Prévost, dont le sort souvent tragique des héroïnes doit être noté. Dans le prolongement de cette veine plus intimiste et psychologique, on trouve également les romans de Crébillon fils, dont les deux chefs-d'œuvres, *Les Égarements du cœur et de l'esprit* (1736) et *Le Sopha* (1742), explorent de manière ironique et satirique la décadence libertine de l'aristocratie contemporaine.

À la multitude des romans français s'ajoutent les traductions d'œuvres étrangères, notamment anglaises : Daniel Defoe, avec *Robinson Crusoé* (1719) ou *Moll Flanders* (1723), Swift avec *Les Voyages de Gulliver* (1726), influencent également les auteurs et la production française. Une chose est sûre : à la fin des années 1730, le roman est à la mode, et ne représente plus le seul divertissement des gens lettrés : même Montesquieu en lit, et en fait !

Indications biographiques

1697 1er avril : naissance à Hesdin d'Antoine François Prévost, fils d'un procureur du roi.

1711 Mort de la mère de Prévost. Il est envoyé au collège des jésuites de Hesdin. De ses études chez les jésuites, il retirera une grande culture classique, le goût des auteurs de l'Antiquité, de Racine, de Fénelon, et une très grande érudition historique.

1712-1718 Prévost se rend à Paris et s'engage dans l'armée comme simple volontaire à l'âge de seize ans. L'année suivante, on le retrouve chez les jésuites (seconde année de rhétorique) ; puis en Hollande en 1716 et en 1717, chez les jésuites. En 1718, il s'engage à nouveau dans l'armée.

1719-1720 Désertion probable, passage à Paris puis en Hollande, chez les bénédictins.

1721 Profession de foi à l'abbaye bénédictine de Jumièges. Il écrit un pamphlet contre le Régent et les jésuites, *les Aventures de Pomponius, chevalier romain* (publié en Hollande en 1724).

1724-1726 Études de théologie et travail à la traduction française de l'*Historia sui temporis* de M. de Thou (seul un volume paraîtra).

1726 Ordonné prêtre (Rouen), il exerce la fonction d'enseignant dans différents collèges de Normandie.

1727-1728 Transféré au couvent des Blancs-Manteaux à Paris, Prévost commence les *Mémoires et aventures d'un homme de qualité* (quatre volumes paraissent en 1728). Tensions avec ses supérieurs. Tentatives vaines pour gagner une branche moins sévère de l'Ordre des bénédictins.

1728 **Prévost « défroque ».** Un mandat d'arrêt (lettre de cachet) est lancé contre lui. Il s'enfuit en Hollande, puis gagne l'Angleterre, et y fréquente les protestants français. Pour certains, il se serait alors converti au protestantisme. Il devient précepteur du fils de sir John Eyles et voyage dans le sud de l'Angleterre. Intrigue amoureuse avec la sœur de son élève.

1730 Il passe en Hollande.

1731 Il rencontre Lenki Eckhardt, une aventurière dont il s'éprend et pour laquelle il se ruinera. Publication à Amsterdam des trois derniers volumes des *Mémoires*, dont *Manon Lescaut*, et des quatre premiers tomes de *Cleveland*.

1732 Rédaction du premier (et dernier) volume de l'*Histoire de Thou*. Situation financière difficile.

1733 Passage en Angleterre avec Lenki. Criblé de dettes, Prévost entreprend la publication d'un périodique qu'il annonce d'un « genre nouveau », *Le Pour et Contre* (1733-1740). Il fait une fausse lettre de change et est brièvement incarcéré.

1734 Retour en France. **Réintégré dans le sein de l'Église** (Ordre de Cluny), Prévost est contraint d'accomplir un nouveau noviciat. Vie mondaine à Paris. Il retrouve Lenki, devenue Mme de Chester.

1735 Publication du premier tome du *Doyen de Killerine*.

1736 Aumônier du prince de Conti (mais ne touche pas de gages). Publication des derniers volumes de *Cleveland*.

1738-1739 Situation financière de nouveau calamiteuse. Il abandonne pour huit mois la rédaction du *Pour et Contre*.

1740-1741 Couvert de dettes, menacé de « prise de corps », compromis dans une affaire de gazettes à scandales, il doit fuir en Belgique, puis en Allemagne. Publie la fin du *Doyen de Killerine*, l'*Histoire de Marguerite d'Anjou*, et l'*Histoire d'une Grecque moderne*.

1741 Retour en France, rupture avec Lenki, avec laquelle il avait renoué, et publication de *La Jeunesse du Commandeur* et des *Campagnes philosophiques*.

1742-1743 Traduction de l'*Histoire de Cicéron*, de Middleton, publication de l'*Histoire de Guillaume le Conquérant*.

1744-1745 Traduction des *Lettres de Cicéron*. Publication des *Voyages de Robert Lade*.

1746 Prévost s'installe à Chaillot, avec sa « gouvernante » et entreprend l'édition de l'*Histoire générale des voyages* (deux tomes sortent en 1746, puis un tome par an jusqu'en 1759), qui prendra quatorze ans de travail. Publication des *Mémoires d'un honnête homme* (roman inachevé).

1751 Publication de la traduction de *Clarisse Harlowe*, roman de Richardson.

1753 Édition corrigée de *Manon Lescaut* (addition de l'épisode du Prince italien).

1754 Prévost obtient le bénéfice d'un prieuré près du Mans.

1755-1758 Publication de la traduction d'un autre roman de Richardson, l'*Histoire du chevalier de Grandison*.

1759 Prévost commence un ultime roman, *Le Monde moral*, qu'il laissera inachevé (1760). Publication du dernier volume de l'*Histoire des voyages* et de la traduction de l'*Histoire des Stuart* de David Hume.

1760-1763 Il travaille à d'autres traductions de romans anglais (*Mémoires pour servir* l'histoire de la vertu, de Francis Sheridan ; *Almoran et Hamet* de Hawkesworth ; *Lettres de Mentor à un jeune seigneur*, qui paraîtront de façon posthume, en 1764).

1763 Sérieusement malade, Prévost meurt d'une crise d'apoplexie, le 25 novembre, dans la forêt de Chantilly.

Autour de l'œuvre

Une carrière littéraire riche et variée

Romancier, Prévost expérimente un très grand nombre de genres et de techniques romanesques qui se retrouvent souvent mêlés à l'intérieur d'un même texte. Certains de ses romans, comme les *Mémoires d'un homme de qualité, Cleveland,* ou *Le Doyen de Killerine* sont très longs et peuvent emprunter au roman baroque certains procédés comme les histoires intercalées et les épisodes rocambolesques peu vraisemblables (attaques de pirates, anthropophages, enlèvements, mélodrames divers...) et désormais conventionnels. Mais l'humour et la distance prise avec ses narrateurs, souvent placés dans des situations grotesques ou ridicules, permettent au lecteur moderne de continuer à lire avec intérêt ces œuvres redécouvertes il y a peu par la critique.

Manon Lescaut et l'*Histoire d'une Grecque moderne*, par leur unité de ton, la richesse psychologique de leurs personnages et la complexité des enjeux de la narration (plaidoyer, accusation), imposent leur réussite.

En dehors de ses romans, dont deux sont inachevés (*Mémoires d'un honnête homme, Le Monde moral*), il est également l'auteur de deux monographies historiques, dans lesquelles se révèlent sa passion pour l'histoire et son désir de contribuer à l'invention d'une histoire laïque et « objective », fondée sur des sources de première main. Sa contribution à l'histoire se poursuit avec d'autres ouvrages tels que la traduction de l'*Histoire* de M. de Thou ou le projet ambitieux de l'*Histoire des voyages*. Il a également à son actif une œuvre importante de journaliste (*Le Pour et Contre*) et de traducteur, qui témoigne de sa curiosité littéraire et de son désir de faire connaître aux lecteurs français la littérature étrangère contemporaine (notamment anglaise).

Rattachement de *Manon Lescaut* aux *Mémoires d'un homme de qualité*

L'Histoire du chevalier Des Grieux et de Manon Lescaut forme le septième et dernier tome d'un ensemble romanesque plus vaste, les *Mémoires d'un homme de qualité*. Pendant longtemps, le roman n'en sera pas distingué, malgré l'édition à part que Prévost en fait, en 1733. Les libraires ont en effet tout intérêt à profiter du succès très grand des premiers tomes, et à présenter le septième comme une suite.

Prévost lui-même soigne d'ailleurs particulièrement la continuité du tome VI au tome VII, en donnant la parole au marquis de Renoncour (narrateur des *Mémoires*), chargé d'introduire le récit de Des Grieux. En outre, un certain nombre de précisions chronologiques viennent établir la continuité avec les précédentes aventures du marquis (p. 51).

Cependant, l'*Avis de l'auteur* témoigne également du désir de Prévost de donner à ce tome VII une autonomie particulière : « Quoique j'eusse pu faire entrer dans mes Mémoires les Aventures du Chevalier Des Grieux, il m'a semblé que n'y ayant point un rapport nécessaire, le lecteur trouverait plus de satisfaction à les voir séparément. Un récit de cette longueur aurait interrompu trop longtemps le fil de ma propre histoire » (p. 47). L'histoire ne sera donc pas « intercalée » au sein des aventures du marquis. Autonome, elle bénéficie cependant d'un statut de prolongement et de conclusion des aventures du marquis, ce qui enrichit encore la lecture que l'on peut faire, et des *Mémoires*, et de *Manon Lescaut*.

Originalité du roman par rapport aux autres œuvres

Elle se fait surtout sentir au niveau de la construction du récit : beaucoup plus court que les autres grands romans de Prévost des années 1730, l'*Histoire du chevalier Des Grieux et de Manon Lescaut* ne contient pas d'épisodes intermédiaires, « intercalés » dans le fil du récit principal, comme c'est encore le cas dans les premiers tomes des *Mémoires d'un homme de qualité*, ou dans *Cleveland*. Le récit se signale par son efficacité, due à son rythme, au suspense que Prévost réussit à préserver malgré le choix d'un discours rétrospectif et au dosage subtil réalisé entre le récit des événements et les réflexions qu'ils suscitent chez le narrateur.

Une attention nouvelle est apportée par Prévost au style de son narrateur. Comme en témoignent les corrections qu'il apporte à son roman pour l'édition de 1753, chaque mot est pesé, chaque tournure simplifiée, en vue d'une harmonie et d'une clarté plus grandes dans chaque phrase.

Sources et influences

La posture de sincérité adoptée par le narrateur de ce récit à la première personne a longtemps accrédité la thèse d'un roman retraçant une expérience autobiographique, ce que confirmerait encore la justesse de ton des sentiments exprimés. Pourtant s'il a pu, comme tout romancier, s'inspirer pour son roman de sa propre sensibilité et de certains événements de sa vie, Prévost s'est surtout laissé guider par son génie de l'invention, ainsi que par sa sensibilité aux événements sociaux et littéraires contemporains.

Prévost semble bien avoir lu dans la traduction d'une romancière anglaise, Penelope Aubin, un romancier français du début du XVIIIe siècle, Robert Challe, auteur d'un recueil de sept nouvelles romancées, *Les Illustres Françaises* (1711) : deux de ces histoires comportent en effet des analogies précises, aussi bien dans les circonstances racontées (ce sont en effet toujours, dans un cadre très réaliste, parisien et aristocratique, l'histoire de passions contrariées qui se terminent mal) que dans la manière qu'a un narrateur inconsolable et pathétique de les narrer. On trouve même une Manon parmi les personnages de Challe !

Prévost, dont l'intérêt pour l'Angleterre est connu, est également extrêmement attentif aux faits divers relatés par les journaux anglais, ainsi qu'à la littérature romanesque anglaise de l'époque : il connaît les romans de Daniel Defoe : *Moll Flanders* (1723) et *Lady Roxana* (1724) qui donnent la parole à deux personnages de courtisanes plus ou moins repenties entreprenant de raconter leur vie. La dimension sociale, le décor réaliste, l'humour et la moralité douteuse de ces héroïnes ont pu influencer Prévost, mais Manon reste cependant un personnage original bien distinct de ces deux narratrices. Ce que Prévost découvre en Angleterre, c'est une autre forme de goût et de sensibilité qu'il tente d'« adapter » au goût français.

II
ÉTUDE DU TEXTE

Résumé

Le marquis de Renoncour, narrateur des *Mémoires d'un homme de qualité*, s'apprête à passer la nuit à Pacy. Une cour d'auberge attire son attention : l'arrivée de deux chariots, et de leurs occupantes, des « filles de joie » déportées en Amérique, y provoque un attroupement de badauds. L'une des pauvres filles se détache de ce misérable tableau par son air de distinction naturelle. Renoncour s'enquiert de son sort auprès d'un jeune homme fort affligé qui accompagne le convoi depuis son départ. Ce dernier lui confie la passion qu'il éprouve pour elle et les efforts qu'il a faits en vain pour obtenir sa liberté. Son « air de qualité » touche le marquis, qui lui ouvre généreusement sa bourse.

Deux ans s'écoulent. Renoncour a presque oublié cette histoire quand, de retour de Londres avec le Marquis de…, auquel il a accepté de servir de tuteur, il s'arrête à Calais et rencontre le même jeune homme dans l'une des rues de la ville. Le marquis l'invite à descendre dans son hôtel. Reconnaissant, le jeune homme inconnu se lance dans le récit de sa passion et de ses malheurs…

Remontant à près de quatre ans en arrière, il évoque rapidement son enfance, ses études prometteuses au collège d'Amiens, et ses brillantes perspectives d'avenir. L'histoire de sa passion commence au moment où il s'apprête à retourner dans sa famille pour les vacances d'été. La veille du départ, un coche arrive dans la ville. Escorté de son ami Tiberge, Des Grieux s'approche… et c'est le coup de foudre pour une jeune fille ravissante qui en descend, conduite par un homme qui semble son tuteur. Les projets d'études s'envolent aussitôt : Des Grieux use de son éloquence scolastique pour convaincre la jeune fille de se laisser enlever… Manon, c'est son nom, ne résiste pas longtemps et aussitôt les deux amants élaborent un plan pour berner Tiberge et l'accompagnateur de la jeune fille. Le lendemain, ils sont en route pour Paris… et une nouvelle vie.

Après une nuit passée à l'auberge de Saint-Denis, ils sont en vue de la capitale, où ils vivront une idylle parfaite pendant trois semaines. Pour le malheur de Des Grieux, un fermier général, du nom de M. de B…, habite la même rue et s'éprend de Manon, qu'il s'efforce de séduire par des offres grossières mais généreuses. Un soir que Des Grieux dîne avec Manon, il est arrêté et enlevé par trois laquais de son père qui a retrouvé sa trace grâce à la dénonciation de Manon et veut le remettre dans le droit chemin.

La mort dans l'âme, le chevalier se voit contraint de refaire dans le sens inverse la route qu'il a faite voilà trois semaines avec Manon… Arrivé dans la demeure paternelle, il est accueilli par les sarcasmes moqueurs de toute la famille. Comme Des Grieux parle sans cesse d'aller retrouver Manon, il est enfermé dans une chambre haute pendant près de six mois, sous la garde de deux domestiques.

Malgré le chagrin, le calme revient peu à peu dans son âme avec le goût de l'étude. Encouragé par Tiberge, il décide de mener désormais « une vie sage et réglée », et de poursuivre avec lui ses études au séminaire de Saint-Sulpice. L'image de Manon semble s'effacer peu à peu.

Un an s'écoule. Désormais abbé, Des Grieux vient de soutenir un exercice public en Sorbonne. De retour au séminaire, il apprend qu'une dame l'attend au parloir. C'est Manon. En un instant, la vie religieuse ne semble plus que chimères à Des Grieux, qui pardonne tout. Les deux amants se retrouvent quelques instants après de nouveau en fuite, dans un carrosse qui les emporte vers Chaillot.

C'est un nouveau départ : après avoir loué un appartement commode et pris de « sages résolutions » concernant leur futur train de vie, ils se lancent de nouveau à corps perdu dans les plaisirs de la vie. Mais les besoins constants de Manon, et l'apparition de son frère, Lescaut, vont détruire en un mois ces fragiles dispositions.

Une nuit, un incendie se déclare dans l'appartement de Chaillot. Dans la confusion, la caisse où se trouvait l'argent du couple disparaît. Désespéré à l'idée qu'il va perdre Manon, Des Grieux se fait tricheur professionnel à l'hôtel de Transylvanie, sur les conseils de Lescaut.

Tiberge s'inquiète de la restauration fulgurante de sa fortune... Cependant, Manon et Des Grieux sont bientôt victimes d'un second vol : l'argent et tous les habits ont été enlevés. Lescaut en profite pour décider Manon à vendre ses charmes à un riche et vieux libertin, bien connu pour ses libéralités... et il détourne le courroux du chevalier en lui expliquant le plan que Manon a échafaudé pour qu'ils puissent continuer à se voir, tout en profitant de l'argent du vieux marquis de G... M...

La peur de perdre Manon l'emporte de nouveau sur les scrupules de Des Grieux... Manon le fait passer pour son frère, et les amants ne tardent pas à s'enfuir en emportant les bijoux et la pension que G... M... vient d'offrir à Manon.

Humilié d'avoir été la dupe de deux enfants, ce dernier retrouve facilement leurs traces et les fait arrêter. Manon est jetée à l'Hôpital, et Des Grieux à Saint-Lazare. Malgré sa honte, le chevalier fait bonne figure et s'attire l'affection du Supérieur de l'établissement. Cependant, quand le vieux G... M... triomphant lui rend visite pour lui apprendre dans quel lieu déshonorant se trouve Manon, Des Grieux tente de l'étrangler et voit sa peine prolongée de six mois...

Sa patience est à bout. Il décide de s'évader coûte que coûte, pour aller aussitôt libérer Manon. Les longues discussions avec Tiberge ne parviennent pas à le dissuader de ce projet. Au terme d'une nuit rocambolesque qui se solde par le meurtre d'un domestique, Des Grieux retrouve la liberté. Pour s'introduire dans l'Hôpital, il gagne l'amitié du fils de l'administrateur principal, M. de T... L'évasion est rapidement mise au point et réussie. De nouveau libres, rien ne peut s'opposer à la fuite des deux amants, pas même la mort de Lescaut, assassiné au détour d'une rue.

Ils gagnent une nouvelle fois Chaillot. Grâce à l'aide généreuse de Tiberge et de M. de T..., l'argent ne manque plus, et la vie semble désormais devoir sourire aux deux amoureux...

Arrivé à ce point de son récit, le chevalier marque une pause en promettant à ses auditeurs quelque chose « encore de plus intéressant ».

Puis il reprend son histoire avec le récit des premières semaines de leur bonheur retrouvé et l'épisode du Prince italien, qui démontre une fois encore le goût de Manon pour la comédie et son amour pour Des Grieux. La félicité de ce dernier semble donc fermement établie quand survient le fils du vieux G... M..., l'ami intime de M. de T...

Imprudemment introduit par ce dernier dans le petit cercle de Chaillot, il ne tarde pas à tomber amoureux de Manon... qui imagine aussitôt un scénario pour « se venger du père sur la bourse du fils ». Inquiet, Des Grieux se plie néanmoins aux désirs de la jeune fille.

Manon rencontre donc ce nouveau soupirant : il lui fait des offres somptueuses, mais, plus prudent que son père, tient à tenir sa proie avant de céder l'argent. Contrainte de bouleverser ses plans, Manon accepte de se rendre dans son hôtel particulier pour y passer la nuit et envoie au chevalier qui l'attend impatiemment une jeune fille « de remplacement »...

Un moment accablé, Des Grieux imagine d'intéresser M. de T... à son triste sort, dont il est quelque peu responsable. Grand seigneur, ce dernier consent à attirer le jeune G... M... hors de son hôtel pour laisser le temps au chevalier de s'expliquer avec Manon.

Comme à Saint-Sulpice, l'explication conduit à la réconciliation. Des Grieux pardonne, et Manon renonce à son projet. Mais une folle imprudence conduit à la catastrophe : au lieu de s'enfuir, les amants décident de se venger plus complètement en passant la nuit entière dans la maison de celui qui a voulu séduire Manon, donnant ainsi à M. de G... M..., leur vieil ennemi, le temps de les surprendre dans leur dîner et de venger l'affront fait une seconde fois à sa famille.

Des Grieux et Manon sont donc de nouveau jetés en prison. Le premier n'y reste que peu de temps, car son père réussit à amadouer le vieux G... M...

et à obtenir du Lieutenant général de Police la grâce de son fils. Mais c'est au prix de la déportation immédiate de Manon pour le Nouvel Orléans... Des Grieux tente alors de fléchir son père pour qu'il sollicite également la liberté de Manon.

Mais il se heurte à un refus catégorique. Résolu à tout pour délivrer Manon, le chevalier réunit alors, grâce à l'aide de M. de T..., un petit groupe d'hommes armés et passe la nuit suivante à planifier l'attaque du convoi. Mais lorsque les deux chariots escortés d'archers sont en vue à la porte Saint-Honoré, ses mercenaires prennent peur et se débandent... Resté seul avec le dernier de ses hommes, Des Grieux s'avance piteusement vers le convoi et obtient des archers de pouvoir les accompagner jusqu'au Val-de-Grâce.

Monnayant chaque jour chèrement quelques heures de conversation avec Manon, Des Grieux gagne ainsi Pacy, où Renoncour l'a aperçu deux ans auparavant. Les secours du marquis, puis la vente de son cheval, lui permettent de poursuivre jusqu'au Havre et d'adoucir la traversée de Manon.

Celle-ci semble métamorphosée par la rigueur de son destin : devant l'ampleur des sacrifices de son amant, elle prend douloureusement conscience de sa légèreté passée et rivalise avec lui de « services et d'amour » (p. 202).

Ils arrivent au Nouvel Orléans deux mois plus tard. Des Grieux reprend espoir : Manon est enfin telle qu'il l'a toujours souhaitée, et une nouvelle vie semble pouvoir commencer dans ce pays neuf où personne ne les connaît.

Mais le Gouverneur de la colonie a un neveu, Synnelet, amoureux de Manon avec résignation tant qu'il la croit mariée. Lorsque Des Grieux, désireux de légitimer son union par les sacrements de l'Église, révèle qu'il n'en est encore rien, il reprend espoir et presse son père le Gouverneur de lui donner la jeune fille en mariage. Bouleversé par ce nouvel obstacle à son bonheur, Des Grieux se prépare à fuir avec Manon, quand il rencontre Synnelet, qui le provoque en duel.

Des Grieux le blesse et le laisse pour mort. Effrayé par le supplice qui l'attend, il organise à la hâte sa fuite avec Manon. Mais la fragilité de la jeune femme ne leur permet pas de marcher plus de deux lieues. À la nuit, ils font une halte, qui, pour Manon, sera la dernière. Elle meurt dans les bras de son amant désespéré, qui l'ensevelit dans le sable du désert et perd connaissance.

Lorsqu'il revient à lui, il est sur un chariot qui le ramène à la colonie, où son procès est instruit. Synnelet, qui n'était en réalité que blessé, intercède en sa faveur. Libéré mais malade, Des Grieux reste trois mois entre la vie et la mort. La tranquillité revient alors peu à peu dans son âme, avec le désir d'un retour à une vie « sage et réglée »...

C'est dans ces dispositions d'esprit que le trouve Tiberge, parti à sa poursuite depuis des semaines, mais retardé par une traversée fort mouvementée. Ils font ensemble le trajet de retour. Au Havre, Des Grieux apprend la mort de son père. Il s'embarque aussitôt pour Calais, dans le dessein de se rendre de là « chez un gentilhomme de [s]es parents », où il doit retrouver son frère...

Schéma narratif

Une narration « linéaire »

Ce roman frappe d'abord par la rigueur et la simplicité apparente de sa narration, d'une sobriété et d'une efficacité toutes classiques : un plan serré, sans intrigue annexe. L'histoire est ramassée, tendue vers son dénouement, dans une progression dramatique maintenue jusqu'à la fin, scandée par les nombreuses **prolepses**, formules narratives qui suggèrent l'arrivée d'une résolution tragique de l'histoire.

Celle-ci se déroule donc linéairement une fois le flash-back lancé, rythmée par des accélérations qui correspondent aux tensions vers l'amour de Des Grieux, parfois freinées par des résolutions provisoires qui semblent vouloir l'en éloigner, par des alternances de violence et de soumission face au destin qui l'accable, et surtout par des phases d'action entrecoupées de moments de méditation et de réflexion, monologues solitaires ou conversations avec des amis.

Cette structure linéaire est « portée » par différentes **progressions** :

Il y a d'abord la déchéance progressive de Des Grieux, qui, d'enfant modèle ignorant jusqu'à la différence des sexes, se transforme dès l'arrivée de Manon dans sa vie en jeune homme hardi, entreprenant et éloquent (p. 60). Mais sa métamorphose va bien au-delà d'un simple changement de caractère. On le verra bientôt habile à tromper, à tricher, à voler, et même à tuer. Parallèlement à cette progression dans le crime, s'instaure une perte de plus en plus sensible de tous scrupules moraux et sentiments d'honneur, perte qu'un reste de lucidité lui rend particulièrement douloureuse. Pourtant, même sa conscience morale semble s'obscurcir peu à peu, d'où l'impression étrange que ressent le lecteur : Des Grieux fait-il preuve d'un rare cynisme, ou ne se rend-il réellement plus compte de rien ?

Cette question de la perte progressive de toute moralité puis de sa lente reconstruction est liée à une autre forme de progression, cette fois-ci géographique. On touche ici à la possibilité d'une interprétation symbolique des lieux du récit : le lecteur peut en effet avoir l'impression d'un élargissement de l'espace qui va de pair avec un élargissement des sentiments et des valeurs morales.

Nous dirons seulement qu'après un mouvement progressif de « descente aux Enfers « , qui concerne finalement autant Des Grieux que Manon, il semble qu'avec le départ pour l'Amérique une phase de rédemption s'amorce et que tous deux retrouvent peu à peu le sens des véritables valeurs : c'est en voyant Des Grieux souffrir pour elle que Manon oublie son goût du plaisir et se comporte véritablement en femme amoureuse. Pour elle, désormais, seul compte Des Grieux.

Des effets de répétition modulée

En dehors de cette linéarité globale de l'intrigue soutenue par les différentes progressions que nous avons vues, la narration se présente également comme la répétition modulée de motifs centraux ou secondaires.

On peut avoir l'impression, en lisant certains passages, que l'histoire se répète avec, néanmoins, chaque fois de subtiles variations. Il est à remarquer, par exemple, que le récit est organisé par Prévost en deux parties, et que la seconde peut, à certains égards, apparaître comme un nouveau départ, après les premières difficultés rencontrées dans la première : « Oublions nos terreurs passées, ma chère âme, [dit Des Grieux à Manon], et recommençons à vivre plus heureux que jamais » (p. 143).

Presque chaque épisode important est, semble-t-il, comme doublé. La scène du parloir de Saint-Sulpice est, pour Des Grieux, comme une nouvelle première rencontre avec Manon. Il ressent à l'évidence le même enchantement qu'à Amiens : « Dieux ! quelle apparition surprenante ! j'y trouvai Manon. C'était elle, mais plus aimable et plus brillante que je ne l'avais jamais vue » (p. 79).

Le schéma de trahison/réconciliation/fuite se produit trois fois : la première avec M. de B..., et les deux autres de manière encore plus symétrique, avec le vieux, puis avec le jeune G... M..., son fils. Chaque fois, Manon tente de s'enfuir en emportant l'argent de ses « protecteurs ». En Amérique, ce schéma pourrait se reproduire de nouveau, si les données n'avaient pas fondamentalement changé : désormais, Manon a compris ses erreurs et reste fidèle à Des Grieux en pensées comme en actes.

Il semble parfois que Prévost souhaite souligner les ressemblances entre deux scènes de même nature. Prenons par exemple les deux scènes d'emprisonnement de Des Grieux. La première fois, il est placé dans une « chambre haute » de la maison familiale (p. 72), à la porte de laquelle sont postés deux domestiques en sentinelle. La seconde fois, à Saint-Lazare, le Supérieur le prie de le suivre dans une « chambre haute » (p. 110). Prévost utilise exactement la même expression. Du reste, l'attitude de Des Grieux avec son père et avec le Supérieur présente également des similitudes, par le tour d'abord agité et quelque peu puéril que prennent les manifestations de sa douleur, qui s'assagit ensuite par calcul, dans les deux cas.

D'autres épisodes se reproduisent de façon parallèle, par exemple, les scènes de comédie imaginées par Manon (p. 108 et 149), ou la scène de demande d'argent de Des Grieux à Tiberge.

On peut aussi remarquer des « micro-symétries « qui resserrent encore, mais d'une autre manière, les mailles du tissu narratif : nous avons déjà attiré l'attention sur la proximité familiale du vieux et du jeune G... M..., appréciant la même femme et lui offrant les mêmes bijoux (il est question d'un bracelet deux fois offert à Manon). Parfois encore un motif est repris, mais comme « en dégradé « : pendant son emprisonnement chez son père, Des Grieux se plonge dans la lecture, ce qui rend « un peu de tranquillité à [son] âme « (p. 74). Lorsqu'il est de nouveau emprisonné, cette fois-ci à Saint-Lazare, son attitude est celle d'un hypocrite : il « demand[a] des livres » (p. 112) et « feigni[t] de [s'] appliquer à l'étude avec le dernier attachement ». Mais son esprit est en ébullition : Des Grieux réfléchit à sa future évasion.

Une structure de tragédie

Comme pour une tragédie classique, on peut dégager de la structure du récit un « acte d'exposition », celui des scènes de Passy, puis trois actes qui amplifient le conflit, et un acte de dénouement, au Nouvel Orléans.

Un engrenage tragique est bien à l'œuvre, constamment souligné par la référence à une fatalité de nature divine : le Ciel, la Providence, les Dieux, la Fortune... La première rencontre de Des Grieux et de Manon est ainsi placée sous le signe d'un **fatum** ôtant au héros toute possibilité de choix ou de résistance : « La douceur de ses regards, un air charmant de tristesse [...], ou plutôt **l'ascendant de ma destinée, qui m'entraînait à ma perte**, ne me permirent pas de balancer un moment sur ma réponse » (p. 59).

À d'autres endroits décisifs, il n'est pas rare de trouver de telles expressions : « Le Ciel me fit naître une idée » (p. 88), ou encore « Par quelle **fatalité** [...] suis-je devenu si criminel ? » (p. 103) ; « la Fortune ne me délivra d'un précipice que pour me faire tomber dans un autre » (p. 105 et 107) ; « c'est quelque chose d'admirable que la manière dont **la Providence enchaîne les événements** » (p. 134)...

Le catalogue de ces expressions fait apparaître la présence d'un destin qui dépasse la volonté propre de Des Grieux et semble l' « entraîner » vers sa chute, d'autant plus facilement que ce dernier semble refuser de voir les fautes de Manon, aveuglement bien caractéristique d'une intrigue tragique.

Mais l'effet d'une progression tragique est tempéré par la présence d'une certaine circularité de la narration qui s'oppose à la linéarité imperturbable du récit tragique, et donne au lecteur l'impression étrange que cette histoire ne sera, dans la vie de Des Grieux, qu'une douloureuse parenthèse : après Manon, la vie reprendra son cours...

Le traitement de l'espace et du temps

L'espace

Les auteurs du XVIIIe siècle ne décrivent que peu l'environnement ou le décor. Cependant, alors que beaucoup de romans du début du XVIIIe siècle choisissent pour cadre un décor oriental, Prévost préfère un espace familier au lecteur : les trois quarts du roman se déroulent soit dans le nord de la France (dans les villes de Calais, d'Amiens, de Pacy, du Havre-de-Grâce), soit à Paris et en banlieue parisienne (Saint-Denis, Chaillot).

Itinéraire et lieux évoqués

Rappelons d'abord l'itinéraire spatial du narrateur, qu'il est facile de reconstruire grâce aux nombreux jalons posés par Prévost. Renoncour rencontre Des Grieux en partance pour l'Amérique une première fois à Pacy, qui est éloigné de « cinq ou six lieues » d'Évreux. La seconde fois, environ deux ans plus tard, c'est à Calais qu'a lieu la rencontre : Renoncour arrive de Londres, et Des Grieux de l'Amérique, via le Havre-de-Grâce. Les points de départ et d'arrivée sont donc pratiquement les mêmes.

À l'intérieur du récit de Des Grieux, les choses se compliquent un peu : on part d'Amiens pour se diriger ensuite vers Paris avec une étape à Saint-Denis, trajet effectué dans un sens, et trois semaines plus tard, dans l'autre.

Six mois s'écoulent. Des Grieux repart pour Paris en compagnie de Tiberge. Deux ans plus tard, Des Grieux et Manon se retrouvent et s'installent à Chaillot. Jusqu'à l'arrestation et à la nouvelle de la déportation, tout se déroule dans la capitale, en différents points bien précisés (prisons, rues de Paris : rue Saint-André-des-Arcs, rue Saint-Michel, rue de la Comédie...).

Puis viennent le lent parcours de Paris au Havre-de-Grâce, la traversée et l'installation au Nouvel Orléans, puis, après la mort de Manon le retour en France, via le Havre-de-Grâce et Calais, où se sont retrouvés Renoncour et Des Grieux.

L'itinéraire du chevalier est donc conçu comme une boucle : c'est néanmoins l'épisode parisien qui est le plus long et le plus riche de notations topographiques. Paris est d'abord présent par le dédale de ses rues qui apparaissent à Des Grieux tantôt comme un espace dangereux lorsqu'il doit se cacher, tantôt comme un « pays libre » (p. 139). En plus des lieux d'habitation ou d'emprisonnement, certaines scènes extérieures prennent place dans des endroits connus : Manon a coutume de se promener au bois de Boulogne, et Des Grieux fixe ses rendez-vous dans les jardins publics. Trois sont mentionnés : les Tuileries (p. 84), le jardin du Palais-Royal (p. 92) et le jardin du Luxembourg (p. 190). Tous ces lieux parisiens sont parfaitement reconnaissables, ce qui permet au lecteur de se créer une petite géographie mentale.

Certains hauts lieux du divertissement parisien sont également cités : l'hôtel de Transylvanie, la Comédie, l'Opéra... Pour le lecteur contemporain de Prévost, ils évoquent des emplacements si connus qu'il n'est pas besoin de préciser davantage. Il en est de même pour la mention des prisons et maisons de force où sont emprisonnés les deux héros : derrière le nom sinistre d'Hôpital se cache en fait la Salpêtrière, section de l'Hôpital général situé non loin de la Seine. Les noms de Saint-Lazare et de Petit Châtelet se suffisent à eux-mêmes et contribuent à ancrer la scène dans une réalité sociale contemporaine douloureuse.

On trouve même évoqués les noms de quelques cafés, par exemple, le café de Féré au pont Saint-Michel (p. 158) ou encore le local d'un traiteur, où Des Grieux se restaure après son évasion de Saint-Lazare, précisions qui contribuent à la création d'un effet de réel.

Les lieux américains se signalent surtout par leur inhospitalité ainsi que par leur pauvreté : « C'étaient des campagnes stériles et inhabitées, où l'on voyait à peine quelques roseaux et quelques arbres dépouillés par le vent » (p. 202). La perception que Des Grieux a du pays répond assez aux stéréotypes de l'époque : « Où fuir ? dans un pays inconnu, désert, ou habité par des **bêtes féroces**, et par des **sauvages** aussi barbares qu'elles ? » (p. 209)

Les seules demeures évoquées sont la « misérable cabane » attribuée aux amants (p. 204) et la maison du Gouverneur, « un peu distinguée par sa hauteur et par sa situation », « défendue par quelques ouvrages de terre, autour desquels règne un large fossé » (p. 203).

Il est visible que l'espace américain s'oppose presque point par point à l'espace parisien : la campagne au lieu d'une urbanité dense, la sauvagerie à tous les niveaux (bêtes sauvages, indigènes rudes, climat rigoureux et désert inhospitalier) au lieu du raffinement des mœurs et des plaisirs parisiens, un espace centré sur le travail manuel au lieu de la vie oisive menée à Paris... Pourtant, dans ce « nouveau monde », Manon et Des Grieux vont se heurter aux mêmes obstacles : le désir d'autrui et la tyrannie d'un pouvoir usurpé (à l'image du père, puis du Père supérieur, se superpose cette fois l'image du Gouverneur) qui veut disposer des êtres sans leur consentement.

L'Amérique de Prévost ne peut donc être interprétée trop schématiquement comme l'image d'un monde « pur », où les inégalités sociales et les préjugés n'interviendraient pas. À l'image du fossé qui entoure la maison du Gouverneur, des hiérarchies et des relations de pouvoir existent bel et bien.

Déplacements géographiques et rythme du récit

Ce roman qui commence sur l'arrivée d'un coche et se clôt sur celle d'un bateau, et dont le dernier mot est « arrivée », semble bien décliner l'espace dans toutes ses dimensions et promouvoir le thème du déplacement, comme pour suggérer l'idée que nulle part, tant en France qu'en Amérique, une place n'est réservée aux deux héros.

Au début du roman, tout va très vite, avec une sorte d'emballement. La calèche qui emporte Des Grieux et Manon d'Amiens s'éloigne « aussitôt » de la ville, puis « [se hâte] tellement d'avancer, [qu'elle arrive] à Saint-Denis avant la nuit » (p. 63). Le retour de Paris à la maison paternelle se passe également très vite : « Nous arrivâmes, en peu de temps, à Saint-Denis » (p. 69) et le lendemain au soir seulement à la maison paternelle..

Et cela continue de plus belle lorsque Des Grieux s'enfuit du séminaire – « Nous ne tardâmes point à gagner Chaillot » (p. 84) –, ou lorsqu'ils dupent le vieux G... M... et lui dérobent ses présents (« Nous nous éloignâmes en un instant du quartier », p. 108).

Avec l'évasion de Manon et le manque d'argent, le rythme des déplacements et leur vitesse se ralentissent : les amants n'arriveront à Chaillot que fort tard dans la soirée (p. 136). À partir de la seconde partie, les déplacements se font plus rares et plus limités, Des Grieux marche de plus en plus souvent à pied, tantôt d'une marche ralentie par le poids des soucis (parfois même il doit s'asseoir pour réfléchir et prendre une décision), tantôt « comme un furieux » (p. 192) sous l'effet d'une agitation excessive.

Ensuite commence la longue progression vers le Havre-de-Grâce au rythme lent du chariot, puis le voyage en mer qui dure deux mois, et la dernière fuite des deux amants, à pied dans le désert, de plus en plus lentement et sur des distances de plus en plus courtes, jusqu'à l'immobilisation finale qui correspond à la mort de la jeune fille.

Les prisons marquent enfin dans le récit un temps d'arrêt et d'immobilisation. En même temps qu'elles évoquent la privation de liberté, elles évoquent un rétrécissement d'espace qui peut symboliser le resserrement tragique de l'étau du destin sur les deux amants : dans la chambre haute où Des Grieux est enfermé chez son père, il est immédiatement frappé par la « hauteur des fenêtres « (p. 72) ; à Saint-Lazare, le récit insiste sur le nombre prodigieux de portes à ouvrir avant de parvenir à la grande porte de la rue...

Le temps

La chronologie interne

Prévost a parsemé son roman de repères temporels fréquents qui permettent de reconstituer une chronologie relativement précise des aventures de Des Grieux et de Manon pendant ces quatre ans.

Examinons d'abord l'intervalle de deux ans situé entre la première et la deuxième rencontre de Des Grieux et de Renoncour. À l'intérieur de cette période, évoquée dans le dernier tiers du roman, le temps se répartit comme suit : deux mois de navigation, puis neuf ou dix mois de vie au Nouvel Orléans, puis trois mois (p. 217) de maladie, six semaines de convalescence (p. 218), et un séjour de deux mois en compagnie de Tiberge (p. 219) avant la nouvelle traversée (deux mois ?) et, quinze jours plus tard, l'arrivée à Calais. Les indications trouvées permettent, si on en fait la somme, d'arriver à vingt et un mois, ce qui ne correspond pas tout à fait aux deux ans annoncés par Renoncour. Les trois mois qui « manquent » sont donc à répartir entre le temps nécessaire pour faire la route de Pacy au Havre et le temps qui s'est écoulé entre la mort de Manon et le début de la maladie de Des Grieux. Ces deux années de voyage correspondent aux années 1715 et 1716.

Entre la première rencontre de Manon et Des Grieux et le début de la seconde partie, le temps se déroule comme suit : rencontre, coup de foudre, fuite et installation à Paris où ils vivent heureux « trois semaines » (p. 64) ; deuxième passage à l'auberge de Saint-Denis, « six semaines » plus tard (p. 69), selon la datation de l'hôte (qui est approximative) ; selon la mise au point récapitulative du père de Des Grieux (p. 71) corroborée par le témoignage de Tiberge (p. 76), il s'est écoulé exactement un mois. Le chevalier passe ensuite « six mois entiers » (p. 74) dans la prison paternelle, puis « près d'un an à Paris » (p. 78) sans s'informer de Manon.

Lorsque Manon et Des Grieux se rencontrent pour la deuxième fois, Manon est « dans sa dix-huitième année » (p. 79), alors qu'elle avait seize ans la première fois. Surviennent ici la deuxième fuite et l'installation à Chaillot, où leurs bonnes résolutions « ne durèrent guère plus d'un mois » (p. 85) et que l'hiver approche. C'est le moment du retour à Paris.

Des Grieux dit avoir essuyé à Saint-Lazare « plusieurs mois d'une rude et ennuyeuse pénitence » (p. 110). Lors d'une visite de Tiberge, le chevalier lui avoue qu'il le retrouve exactement semblable à ce qu'il était lors de leur précédente entrevue, « quatre mois auparavant » (p. 118). Or, comme nous apprenons (p. 113) que Des Grieux a déjà effectué deux mois de prison, nous pouvons attribuer à la période précédente de vie parisienne deux ou trois mois de temps. Lorsque le chevalier rend visite à Manon à l'Hôpital, il précise qu'ils ne se sont pas vus depuis « trois mois » (p. 130). Entre l'évasion de Des Grieux et celle de Manon, il ne se passe que peu de jours, les événements se précipitant jusqu'à la seconde partie. À ce moment-là du récit, il s'est donc écoulé environ deux ans.

Voyons maintenant l'intervalle de temps qui s'écoule du début de la seconde partie – nous sommes alors au début de l'année 1715 – au moment de l'embarquement pour l'Amérique : les « premières semaines » (p. 143) (incohérence temporelle avec la page 181, où il est dit qu'il s'est écoulé « huit jours » depuis la lettre écrite à son père à la fin de la première partie) à Chaillot s'écoulent dans le bonheur et la sécurité. Puis le temps prend une très grande épaisseur, et ne se mesure plus en semaines ou en mois, mais en jours ou en heures. Si la première partie de la narration évoque des événements qui s'étalent sur deux ans, la seconde consacre en effet un grand nombre de pages (52 pages) à des faits prenant place en une seule petite semaine. Il faut surtout retenir de cette période l'extraordinaire **accélération du temps**, puisqu'en quelques jours tout bascule. Toutes les démarches du chevalier libéré s'enchaînent, souvent dans une ambiance nocturne symbolique de l'obscurcissement des affaires des amants. Le récit de Des Grieux rejoint alors (p. 194) le moment présent de sa narration, et la rencontre de Pacy, deux ans plus tôt.

Temps et contretemps

Phénomène indissociable d'un environnement tragique, le contretemps est à l'origine même du récit, et se reproduit plusieurs fois, accompagné d'événements que l'on peut désigner du nom d'ironie tragique. Des Grieux le rappelle dès le début de son récit : « J'avais marqué le temps de mon départ d'Amiens. Hélas ! que ne le marquais-je un jour plus tôt ! j'aurais porté chez mon père toute mon innocence » (p. 57).

Tiberge est à plusieurs reprises la victime de contre-temps : une première fois, après la tromperie de Des Grieux et sa fuite d'Amiens, « il était arrivé néanmoins à Saint-Denis une demi-heure après [son] départ » (p. 75). Une autre fois, un contretemps l'empêche de s'embarquer « sur-le-champ » au Havre et l'oblige à attendre « plusieurs mois » (p. 218) le départ d'un autre navire pour l'Amérique.

Les personnages

L'étude des personnages nécessite que soient prises en compte les conditions particulières du discours : le récit à la première personne, fait par un narrateur intéressé à justifier, sinon ses propres égarements, du moins sa passion, impose nécessairement un prisme déformant à la narration.

Le « mystère » de Manon

Dans la tradition des romans classiques, Prévost ne s'attarde pas à décrire physiquement ses personnages. De Manon, nous saurons simplement qu'elle est « l'air de l'Amour même » (p. 79), c'est-à-dire que la nature lui a prodigué « ces yeux fins et languissants, ce port divin, ce teint de la composition de l'Amour » (p. 159), « une figure capable de ramener l'univers à l'idolâtrie » (p. 198) : on eût pu très facilement la prendre pour une « personne du premier rang » (p. 52).

De ses origines sociales, nous savons également fort peu de choses : ses « parents » ont décidé de l'envoyer au couvent pour qu'elle y devienne religieuse mais il ne sera par la suite jamais plus question d'eux. Manon a un frère – du moins le fait-elle passer pour tel – qui exerce la profession de « garde du corps ».

Elle n'est donc pas du tout du même monde que Des Grieux ; pourtant elle semble avoir reçu une certaine éducation : elle est capable de citer des vers de Racine de tête (p. 156), elle aime à lire (p. 130 et 164) et à coudre, et elle porte sur son visage un air de distinction naturelle. Mais par rapport à Des Grieux, qui représente l'aristocrate dans les moindres détails de son comportement, Manon fait parfois figure de personnage bassement matérialiste (p. 101).

Son caractère fait depuis fort longtemps l'objet d'interrogations multiples. Il s'est formé sur son compte, à l'initiative même de Des Grieux qui voit en elle une « étrange fille » (p. 164) et une « créature d'un caractère extraordinaire » (p. 94), une image de femme mystérieuse et incompréhensible. Son rapport à l'argent est un des éléments de sa personnalité qui déroute le plus le lecteur :

> « Elle m'aurait préféré à toute la terre avec une fortune médiocre ; mais je ne doutais nullement qu'elle ne m'abandonnât pour quelque nouveau B... lorsqu'il ne me resterait que de la constance et de la fidélité à lui offrir » (p. 95).

De même que Des Grieux ne semble pas toujours conscient du cynisme de ses discours, pendant longtemps elle ne paraît pas se rendre compte de la souffrance qu'elle cause à Des Grieux.

Après l'envoi de son second billet à Des Grieux, elle est loin d'imaginer les souffrances qu'il éprouve. Lorsqu'ils se retrouvent chez le jeune G... M..., l'incompréhension est totale : « Ce fut là que j'eus lieu d'admirer le caractère de cette étrange fille. Loin d'être effrayée et de paraître timide en m'apercevant, elle ne donna que ces marques légères de surprise dont on n'est pas le maître [...] Ah ! c'est vous, mon amour, me dit-elle en venant m'embrasser avec sa tendresse ordinaire » (p. 164).

Est-elle une comédienne née, jouant à merveille l'ingénuité et la naïveté, telle que le récit de Des Grieux peut en donner parfois le soupçon, dès les premières pages (p. 59) ? Pourtant, ses éclats de rire, qui retentissent plusieurs fois avec naturel, ou les pleurs qu'elle verse face aux reproches de Des Grieux, évoquent au contraire un caractère plus libre qu'hypocrite : Manon n'a rien d'une Madame de Merteuil.

> « Elle pèche sans malice, disais-je en moi-même. Elle est légère et imprudente ; mais elle est droite et sincère » (p. 170).

Le lecteur a souvent avec elle cette curieuse impression que les termes que lui applique Des Grieux perdent leur sens : ces mots de « cruelle », d'« infidèle », de « parjure », de « fille ingrate et sans foi », et d'autres encore dont il l'accable lors de la troisième trahison (p. 165), semblent toujours déplacés, alors même que la réalité des faits lui donne pourtant raison... Manon est, c'est un fait, cruelle, mais elle l'est sans le vouloir, parce qu'elle n'évolue pas dans la même sphère morale que Des Grieux, et que sa condition précaire – entre le couvent et la prostitution, elle n'a eu que peu de choix – ne lui permet pas l'accès à cette zone de grands sentiments qui est celle où se meut naturellement Des Grieux.

Lorsqu'elle comprend que ses agissements, qui nous paraissent fondamentalement immoraux, font souffrir Des Grieux, elle se montre capable de refuser la richesse :

> « Je vois ce qui vous blesse. J'avais espéré que vous consentiriez au projet que j'avais fait pour rétablir un peu notre fortune, et c'était pour ménager votre délicatesse que j'avais commencé à l'exécuter sans votre participation ; mais j'y renonce, puisque vous ne l'approuvez pas » (p. 105).

Manon semble en définitive moins une héroïne qu'une simple victime de la société et de son propre tempérament. Elle n'est sans doute pas responsable de l'amoralisme dont elle fait preuve, mais elle ne semble pas non plus capable de l'assumer, soit en l'affirmant, soit en le déplorant, comme d'autres véritables héroïnes romanesques le font, à la même époque (la Marianne de Marivaux, les personnages féminins de Defoe, etc.). Elle ne comprend les choses que trop tard, après les avoir vécues...

Sa mort même semble plus une disparition logique qu'un véritable drame : elle disparaît, sans faire aucun bruit et sans laisser de trace. Elle n'accède pas, dans cette mort, à la grandeur des couples d'amants tragiques, qui meurent ensemble après n'avoir pu s'aimer ensemble. Elle s'efface, et la vie reprend son cours.

Les contradictions de Des Grieux

Comme Manon, Des Grieux n'est pas décrit physiquement. Nous saurons simplement que Manon le trouve « aimable » (p. 61), et qu'il a des cheveux « fort beaux » (p. 147). « [...] tous les Princes d'Italie ne valent pas un des cheveux que je tiens », affirme fièrement Manon lors de l'épisode du Prince italien (p. 149).

Nous sommes mieux renseignés sur son profil social : Des Grieux est noble, ses parents sont « d'une des meilleures maisons de P... » (p. 56), et Manon peut être flattée à juste titre d'avoir fait la conquête d'un « amant tel que [lui] » (p. 61). Mais il n'est pas l'aîné, ce qui le condamne à ne pas hériter de la fortune familiale, et ce qui explique aussi pourquoi sa famille le pousse vers les ordres.

Son langage, les grands sentiments dont il fait preuve, son désintéressement vis-à-vis des choses matérielles, et jusqu'au mépris qui perce parfois dans ses discours pour les gens de peu (en particulier, les domestiques), tout le signale comme un aristocrate désargenté mais fier de sa naissance.

Des Grieux nous est cependant rendu attachant par l'auréole de souffrance et de passion dont il s'entoure. C'est la première image que nous avons de lui : « Il paraissait enseveli dans une rêverie profonde. Je n'ai jamais vu de plus vive image de la douleur » (p. 53). Il se présente lui-même comme un jeune homme passionnément amoureux, atteint d'une passion qui le rend « le plus infortuné de tous les hommes » (p. 53).

Le reste du roman répond à cette première orientation. Si l'on en croit le récit, ce jeune homme de bonne famille n'a rien d'un libertin ni d'un escroc : l'amour qu'il porte à Manon est sincère (à deux reprises, il lui propose le mariage) et le porte indéniablement à lui sacrifier un avenir brillant (ce qu'il souligne à deux reprises), l'affection de sa famille et en particulier de son père, à trahir le meilleur ami qui soit, et à commettre des actes dont l'immoralisme et la bassesse lui reviennent sans cesse à l'esprit, sans qu'il puisse pour autant s'empêcher de les commettre.

De plus, Des Grieux fait souvent montre d'une naïveté – ou d'un aveuglement – qui nous le rend sympathique. La confiance totale qu'il a dans la fidélité de Manon en est un exemple frappant : lorsqu'il se rend compte de l'effet que les charmes de la jeune fille ont eu sur le jeune G... M..., au lieu de se méfier, il se réjouit d'« être aimé d'une fille que tout le monde trouvait aimable » (p. 152) !

Des Grieux est peut-être surtout un personnage faible. Il cède d'abord à ses propres désirs. Celui d'être avec Manon, de la voir et de l'aimer est plus fort que tout. D'où la facilité qu'il a chaque fois à lui pardonner, et à s'humilier, lui plutôt qu'elle : « J'approuve tout ce que vous avez fait. Ce n'est point à moi d'exiger des raisons de votre conduite ; trop content, trop heureux, si ma chère Manon ne m'ôte point la tendresse de son cœur ! » (p. 166).

Chaque fois, il s'arrange pour présenter cette faiblesse comme une marque de sensibilité et de générosité : en employant la question rhétorique « où trouver un barbare qui… ? » (p. 83) ou une affirmation du type « il aurait fallu que j'eusse perdu tous sentiments d'humanité pour… » (p. 166), il donne à penser au lecteur que seul un homme sans cœur pourrait rester insensible à tant de charme et de repentir et ne pas céder, ce qui lui permet de se justifier et de se valoriser, alors même qu'il abjure, à chaque réconciliation, un peu plus de ses principes moraux et de sa dignité.

Des Grieux cède aussi aux moindres désirs de Manon. Il cède également toujours devant la force de ses ennemis, préférant la soumission et la compromission à l'affrontement direct. Certaines scènes nous donnent même de Des Grieux l'image parfaite de l'impuissance : lorsqu'il est arrêté par les domestiques de son père, on ne trouve sur lui qu'un petit couteau, comme un jouet d'enfant… Et lorsque, à la fin du roman, les archers du vieux G… M… le surprennent avec Manon dans la chambre du fils, son épée est « embarrassée » dans son ceinturon…

Plongé dans le désespoir le plus noir, le chevalier est souvent tenté de se donner la mort… mais, toujours, la conviction que sa vie sera plus utile à Manon le dissuade de le faire.

> « Une prompte mort me semblait le seul remède de mes peines. Cependant ce fut cette pensée même qui me fit relever vivement mes esprits, et qui me rendit capable de prendre une résolution. Quoi ! je veux mourir, m'écriai-je, pour finir mes peines ? Ah ! souffrons jusqu'aux plus cruelles extrémités pour secourir ma maîtresse ; et remettons à mourir après les avoir souffertes inutilement » (p. 211).

Des Grieux est loin de se comporter toujours en gentilhomme, malgré l'idée bien arrêtée de la supériorité de son sang. Il ment à ses amis, et en particulier à Tiberge, qui lui est pourtant dévoué. Il triche au jeu, et ne paraît guère avoir de scrupules à vivre ensuite librement de cet argent mal acquis. Il se comporte souvent en hypocrite et fait même preuve de lâcheté insigne lorsque, délivré du Châtelet grâce aux intercessions de son père, il « n'[ose] le prier de solliciter pour Manon » (p. 185).

C'est que le chevalier, tout en outrepassant allègrement toutes les règles de bonne conduite que devrait respecter l'homme de qualité qu'il prétend être, éprouve pour toute forme d'autorité et de richesse un étrange respect : comment comprendre autrement cette émotion qui le saisit lorsqu'il s'apprête à frapper à la porte de la maison de G... M..., qui vient pourtant de lui ravir Manon : « [...] malgré toute ma colère, je frappai avec le respect qu'on a pour un temple » (p. 163) ?

Par deux fois il a la possibilité de se comporter en gentilhomme et de mettre ses actes en accord avec ses principes : la première de ces occasions lui est procurée par Lescaut, qui, d'une manière odieuse, vient de prostituer sa sœur au vieux G... M... Lescaut lui-même semble surpris de le voir abandonner si vite ses velléités de vengeance (p. 103) ! La seconde fois, il s'agit de Synnelet, dont les projets de mariage contrecarrent ceux de Des Grieux (p. 210) : c'est Synnelet, non le chevalier, qui provoque le duel. Des Grieux, médiocre combattant, ne parvient qu'à blesser légèrement son rival...

Et puis, il y a ces attitudes puériles de Des Grieux, ces crises de pleurs enfantines, ces moments où Manon le manipule, l'habille et le coiffe telle une poupée, et qui lui confèrent une sorte de féminité, d'androgynie.

Ces deux personnages exercent en tout cas chacun, Manon par son « air », Des Grieux par son récit, une forte séduction sur leur auditoire et sur le lecteur. N'intervenant jamais directement pour les juger, Prévost laisse subsister une ambiguïté fondamentale, fascinante.

Les autres personnages

Le clan de l'autorité

Dans ce roman où la volonté amoureuse des deux amants rencontre sans cesse des obstacles, différentes formes d'autorité sont représentées. Il s'agit de celle qui émane des « pères », représentants de l'ordre familial et social traditionnel.

Monsieur Des Grieux

Le père de Des Grieux d'abord, dont on apprend qu'il est veuf d'une femme qu'il a beaucoup aimée et à laquelle il ne supporte pas que Manon soit comparée. Ce personnage digne et droit défend le modèle familial aristocratique traditionnel, et s'oppose donc rigoureusement à toute alliance du chevalier avec Manon.

Des Grieux souligne tout au long du roman la « tendre affection » que son père a pour lui. Il rêve de lui faire accepter Manon : « Mon père, qui m'aimait si tendrement, n'y aurait-il pas consenti, si je l'en eusse pressé avec des instances légitimes ? » (p. 103). Il éprouve envers lui un respect qui va jusqu'à la peur : lors de sa visite surprise au Châtelet, il est « frappé si vivement, qu'[il se] serai[t] précipité au fond de la terre, si elle s'était entrouverte à [ses] pieds » (p. 182).

Garant des valeurs sociales traditionnelles, M. Des Grieux « aime mieux [...] voir [son fils] sans vie que sans sagesse et sans honneur » (p. 191) et continuera jusqu'au bout de le traiter comme un enfant « rebelle » et capricieux, sans céder à ses menaces de mort. (En fait de décès, c'est celui du père que nous apprendrons à la fin du roman, non celui du fils...)

Alors, est-il un « père barbare et dénaturé » ? La phrase que prononce Des Grieux en le quittant – « Ma mort, que vous apprendrez bientôt [...], vous fera peut-être reprendre pour moi des sentiments de père » (p. 192) – prend, lorsque l'on connaît l'issue du livre, une résonance ironique.

Le Supérieur de Saint-Lazare

Autre « père », autre détenteur d'autorité (et autre « chambre haute » !) : le Père Supérieur de Saint-Lazare. Ce personnage témoigne de la même façon à Des Grieux une sorte d'affection ferme (bien mal récompensée) qui ira jusqu'à lui faire prendre sa défense face au vieux G... M... (p. 114).

Des Grieux cherche auprès de lui un soutien : tel un enfant dont le chagrin est trop grand, il éclate en sanglots après son altercation avec le vieux G... M... (p. 114), se confie à lui en prenant la défense de Manon. Le Supérieur sera la dupe de l'air de douceur de Des Grieux qui, auprès de lui, joue surtout « un personnage d'hypocrite » (p. 112). Sa surprise et son désappointement sont fort grands quand il découvre, un pistolet dans le dos, le vrai visage de son protégé.

Le Lieutenant général de Police

Le Lieutenant général de Police est une autre émanation de l'autorité répressive à laquelle est confronté le chevalier. Bizarrement, lui aussi semble enclin à une certaine indulgence, et ne parle, à propos des crimes de Des Grieux, que « d'imprudence et de légèreté » (p. 181). Celui-ci le considère donc comme « un juge raisonnable » (p. 182), et entreprend également de l'attendrir en versant quelques larmes, au seul nom de Manon : le « grave magistrat » (p. 182) est sous le charme.

Le Gouverneur du Nouvel Orléans

Pouvoir parental, spirituel, ou émanation de la justice sociale, tous sont défiés et enfreints, en France comme au Nouvel Orléans : le Gouverneur, abusant à l'encontre de Des Grieux et de Manon de l'autorité que lui confère sa position de « chef de malheureux bannis » (p. 204), sera également traité par Des Grieux de « tigre féroce et cruel », de « barbare » et d'« opiniâtre vieillard » (p. 210).

Les amants de Manon

En dehors de Des Grieux, Manon reçoit les soins et les hommages de cinq hommes, tous représentants d'une position sociale différente.

M. de B...

Le premier, B... ou M. de B..., est « un célèbre fermier général » (p. 64) qui « devient passionné pour elle » (p. 82) après l'avoir vue à sa fenêtre. Il semble fort riche, puisque, lorsque Tiberge aperçoit Manon à la Comédie, elle s'y trouve dans une parure « éclatante » (p. 76) qui témoigne de la libéralité de la personne qui l'entretient. Ce n'est d'ailleurs que sa richesse de parvenu qui a séduit Manon, car ce personnage grossier ne possède ni la « délicatesse de [...] sentiments » ni « l'agrément [des] manières » (p. 83) du chevalier : malgré les divertissements qu'il lui procure sans cesse, Manon ne pourra jamais l'aimer, et le quitte, en emportant « comme de justice », « les bijoux et près de soixante mille francs qu'[elle a] tirés de lui [en] deux ans »

(p. 84). Sans lui donner « nul pouvoir sur [elle] », Manon a donc vécu avec ce premier amant sur le pied d'une femme entretenue.

M. de G... M...

Le deuxième « amant » de Manon appartient à une autre sphère sociale et, aussi, à une autre époque. C'est un représentant de la « vieille cour », celle de Louis XIV, vivante image, par sa vieillesse et ses vices, de cette aristocratie libertine, affaiblie mais encore puissante, et surtout fort riche. Le « vieux G... M... », comme il est appelé tout au long du récit, entre en rapport avec Manon par le biais intéressé de Lescaut. « Vieux voluptueux » (p. 99), ce personnage peu sympathique de libertin sénile se montre généreux envers Manon. Il sera dans un premier temps la dupe des deux amants.

Mais le vieux G... M... est un homme qui a du crédit... et de la rancune. Nous le retrouverons plus loin sous l'aspect d'un homme puissant, qui saura se venger et par la force (dont les archers qui l'accompagnent sont une représentation symbolique) et par l'ironie.

Le jeune M. de G... M...

Le jeune G... M..., son fils, s'éprend pareillement de Manon et est autrement dangereux : M. de T... le dit lui-même, c'est « un jeune homme très aimable » (p. 151), « capable d'une folie amoureuse » (p. 153) mais non d'une bassesse, et qui, en plus du nom et de la bonne éducation, « jouit déjà d'un bien considérable » (p. 153). Prévost ne fait pas de lui un monstre, mais un jeune homme aimable, qui présente ses excuses pour la conduite de son père et se montre désireux de gagner l'amitié du chevalier. Il accentue aussi la symétrie en donnant à Manon exactement le même type de dessein que celui qu'elle a eu envers le vieux G... M... : « Je veux l'écouter, accepter ses présents, et me moquer de lui » (p. 154). Plus méfiant que le père, le fils prend ses précautions pour n'offrir ses richesses qu'une fois la proie tenue.

Le Prince italien

Entre le vieux et le jeune G... M... s'intercale l'épisode dit du Prince italien (p. 149-150), ajouté par Prévost pour son édition de 1753. Ce personnage, à l'identité un peu mystérieuse, à la mine équivoque et aux compliments grossiers (sans doute est-il plus aventurier que prince), fait la rencontre de Manon au bois de Boulogne et l'accable d'hommages assidus. Manon ne fait mine de répondre à ses soins que pour mieux le duper : elle en tire le principe d'une petite scène comique qui lui donne l'occasion de réaffirmer au chevalier la tendresse qu'elle éprouve pour lui.

Synnelet

En Amérique, les charmes de Manon vont faire une dernière « victime » : il s'agit cette fois-ci du neveu du Gouverneur de la colonie, Synnelet, « un homme de trente ans, brave, mais emporté et violent » (p. 208). Synnelet ne tente pas Manon par des richesses mais use pour la posséder du pouvoir que le statut de gouverneur donne à son oncle. Peut-être était-ce, de tous les amants de Manon, le seul à l'aimer véritablement : à la nouvelle de sa fin, il éprouve lui aussi des « transports de douleur » (p. 217).

Les « amis » de Des Grieux

Trois personnages évoluent autour de Des Grieux et peuvent prendre, dans la mesure où chacun lui porte une forme de secours, le titre d' « ami ». Lescaut, qui joue avant tout son propre jeu et contribue à la ruine de Manon, revendique ce titre haut et fort, et Des Grieux lui-même fait appel à ses « services « à de nombreuses reprises...

Tiberge

Il est le type même de l'ami fidèle, dont l'affection indéfectible pour Des Grieux trouve à s'exprimer de différentes façons :
- par un secours financier permanent, malgré ses propres convictions et ses faibles moyens personnels ;
- par des conseils et des réprimandes, de nature morale et religieuse ;
- par un empressement continuel : pour porter une lettre (prison de Saint-Lazare), ou pour l'empêcher de commettre l'irréparable.

Qui est Tiberge ? Un ami d'enfance, d'un milieu modeste, de quelques années seulement plus âgé que Des Grieux, envoyé au même collège que lui. Des Grieux fait de lui, dès les premières pages, un portrait élogieux vibrant de repentir (p. 57).

Les quelques lignes de ce portrait placent d'emblée un certain nombre de points de repère : Tiberge est du côté de la sagesse et de l'honneur, archétype de l'ami vertueux, constamment exploité par Des Grieux, et jamais véritablement remercié. Par ses conseils, sa morale et ses reproches, il va très vite le gêner dans ses plaisirs et sa mauvaise conduite : aussi sera-t-il le premier à être trompé par le chevalier (p. 63), qui n'aura de cesse de l'écarter de son chemin pour pouvoir vivre sa passion sans risquer d'être continuellement « assassiné » par sa morale.

Cette « morale » est néanmoins loin d'être une forme d'austérité froide et stérile : « J'avais autant de penchant que vous vers la volupté » (p. 75), confie-t-il un jour à Des Grieux. Mais sa raison et le « secours du Ciel » (p. 75) lui ont fait comprendre la vanité et le danger des plaisirs terrestres. Cependant, il reste compréhensif face à la faiblesse humaine, et est assez généreux pour comprendre qu'une conduite vertueuse doit être le résultat d'un choix, et non un pis-aller : « [...] il faut un esprit tranquille pour goûter la sagesse et la vérité » (p. 94).

Malgré la fuite de Des Grieux du séminaire, il continue de rendre à son ami installé à Chaillot avec Manon de « fréquentes visites ». Il supporte les railleries des amants avec patience jusqu'au jour où il découvre que leurs richesses proviennent sans doute d'occupations peu honorables : « [...] je romps aujourd'hui tout commerce avec vous, et je déteste la vie que vous menez » (p. 97).

Pourtant, cette rupture apparente n'en est pas une véritable : Tiberge continuera indéfectiblement d'aider Des Grieux avec « ce plaisir à donner, qui n'est connu que de l'amour et de la véritable amitié » (p. 138). Avec Tiberge, contrepoint vertueux à la conduite légère de Des Grieux, s'introduit enfin dans le roman toute une part d'un discours religieux et parfois théorique sur la recherche du bonheur.

Malgré toutes ses belles qualités, Tiberge ne laisse pas de paraître quelquefois un peu ennuyeux, scolastique, voire ridicule : dévoué, il est celui qui arrive toujours trop tard (juste après le départ d'Amiens de la chaise de poste, juste après le départ du navire du Havre-de-Grâce) ! Le vaisseau sur lequel il s'embarque est détourné par des corsaires, il erre pendant des mois sur les mers avant d'arriver en Amérique...

Lescaut

Personnage secondaire de l'histoire, Lescaut se dit le frère de Manon. Le lecteur fait sa connaissance au moment de la deuxième installation des deux amants dans la vie commune (p. 86). Officiellement garde du corps, il va très vite venir vivre aux crochets du couple : « Ce fut une prise de possession, car il s'accoutuma bientôt à nous voir avec tant de plaisir, qu'il fit sa maison de la nôtre et qu'il se rendit le maître, en quelque sorte, de tout ce qui nous appartenait » (p. 86-87). Ce personnage, qui se signale d'emblée par une grande brutalité de manières et de langage, est une sorte de profiteur sans scrupules qui va exercer, tant sur Des Grieux que sur Manon, une influence désastreuse.

C'est lui qui conseille à Des Grieux de tirer de la beauté de Manon les moyens de sa subsistance : « Une fille comme elle devrait nous entretenir, vous, elle et moi » (p. 89). C'est encore lui qui suggère au chevalier d'entrer dans la Ligue de l'Industrie, c'est-à-dire de devenir un tricheur professionnel aux jeux d'argent. Dans ces conseils, c'est évidemment son propre intérêt qu'il recherche, bien plus que celui des deux amants. « Rien moins que brave » (p. 103), il est en quelque sorte le contrepoint au personnage vertueux et dévoué de Tiberge. Il meurt d'ailleurs comme il a vécu, dans l'obscurité louche d'une rue parisienne, assassiné par un comparse de jeu.

M. de T...

Personnage secondaire, M. de T... est le fils d'un des administrateurs de l'Hôpital. Riche et de bonne famille, il est séduit, comme tous les autres, par l'histoire du chevalier et se met aussitôt à sa disposition, lui offrant spontanément sa bourse et regardant son amitié « comme une de ses plus heureuses acquisitions » (p. 127). Grâce au crédit de son père, il donne à Des Grieux la possibilité de rendre visite à Manon dans son cachot, et porte même l'obligeance jusqu'à faciliter son évasion !

Pendant quelque temps, ce personnage apparaît comme le bienfaiteur de Des Grieux, et c'est à ce titre, comme à celui d'ami, qu'il est très souvent invité à partager la table des deux amants. Il commet cependant une grave erreur, qui enclenche à nouveau le mécanisme « fatal » : celle de présenter à Manon son meilleur ami, le jeune G... M... Sa dernière intervention, qui prend la forme d'une suggestion incongrue quelque peu libertine, causera la catastrophe finale qui mène les deux amants à la déportation.

Des silhouettes de gens du peuple

Autour du groupe des personnages principaux et secondaires, nous voyons évoluer à l'arrière-plan du roman des silhouettes issues du petit peuple de Paris. Une vieille femme sortant de l'hôtellerie de Pacy, le valet Marcel qui sert Manon lors de son emprisonnement à l'Hôpital, le concierge du Châtelet qui réconforte Des Grieux, le capitaine du navire qui les conduit au Nouvel Orléans, tous ont en commun d'être émus par le sort des amants. Vu par Des Grieux, ce petit peuple est en général croqué de façon assez simpliste et méprisante : les valets ont l'âme basse, les archers sont cupides et insensibles... Ils contribuent en tout cas à témoigner d'une réalité sociale difficile, qui fait contrepoint au côté purement sentimental du roman.

La question du style

La langue de Prévost présente un certain nombre de particularités propres au XVIIIe siècle qu'un lecteur contemporain non habitué à la fréquentation des textes de cette période pourrait interpréter comme un style particulier, mais en lesquelles il faut voir avant tout le résultat d'une formation classique poussée, la parfaite maîtrise des « humanités « et la recherche d'une harmonie mélodieuse entre les constituants de la phrase.

Une phrase lisse et harmonieuse

Ainsi, alors même que le récit eût pu être alourdi par le nécessaire enchevêtrement des « que » et des « qui » issus du discours rapporté et des subordonnées interrogatives indirectes auxquelles le récit fait une très large place, ils sont si bien insérés dans la mélodie de la phrase qu'ils contribuent davantage à la rythmer qu'à la rendre pesante et peu gracieuse.

Dans cette langue « classique », rien n'est superflu. La logique apportée par la succession des liens tant subordinatifs que coordinatifs évoque l'ordre des choses dans le monde. Peu d'asyndètes ou d'ellipses : tout ce qui doit être exprimé pour la compréhension logique du récit est explicité. À une phrase longue et complexe succède presque toujours une phrase plus courte, permettant au narrateur, comme au lecteur, de se « reposer ». Le rythme des propositions ou des compléments est souvent binaire, ainsi que les formules exprimant l'opposition ou la conséquence : « non que... mais », « si... que », etc., ce qui imprime au récit un effet de balancement régulier.

Des techniques d'estompage

Les contemporains de Prévost ont reconnu de façon unanime la « pureté » et le « naturel » de son écriture, c'est-à-dire sa fidélité aux normes de l'esthétique classique : ne rien écrire qui puisse s'écarter du respect des bienséances, observer une certaine universalité du discours, utiliser un langage peu descriptif, réduire au maximum l'emploi d'images et de métaphores originales, recourir, pour parler de l'amour, aux procédés « précieux » qui permettent d'accéder au « style élevé » (amplifications, périphrases, clichés qui permettent l'idéalisation traditionnelle de la femme aimée).

Ce respect des « règles » classiques se vérifie particulièrement bien au niveau de ce que l'on pourrait appeler la technique d'estompage des réalités qui touchent au corps. Prévost évite par exemple de nommer tout ce qui touche au désir amoureux et de préciser les transactions libertines qui se tissent autour de Manon.

L'expression des manifestations du désir qui vient surprendre Des Grieux lors de sa première rencontre avec Manon (p. 59-61) est par exemple l'objet d'un habile travail d'**euphémisation** : recours aux métaphores traditionnelles de l'amour, comme celle du « feu », et au registre abstrait (« je me trouvai **enflammé** [...] jusqu'au **transport** », « Une douce chaleur se répandit **dans toutes mes veines** », « J'étais dans une espèce de **transport** »), le mot « cœur » étant le vecteur noble des manifestations de ce désir. La relation amoureuse qui suivra les manifestations de ce désir est évoquée par des expressions ou des périphrases d'un registre élevé comme « être l'un à l'autre » (p. 61), « [frauder] les droits de l'église, [se trouver] époux » (p. 63).

Le terme « caresses », qui reviendra souvent sous la plume de Prévost, est le résultat d'un habile compromis entre sensualité et imprécision : « Il n'y avait que trois heures qu'elle m'avait accablé de ses plus tendres caresses, et qu'elle avait reçu les miennes avec transport ; je ne connaissais pas mieux mon cœur que le sien » (p. 66). Dans cette phrase, l'image des caresses, qui pourrait choquer par un pouvoir de suggestion érotique trop fort, est immédiatement enrobée dans un vocabulaire plus abstrait et moins sensible, celui du transport et du cœur. Il en sera toujours ainsi par la suite.

Un usage modéré des comparaisons et des images

La langue classique ne fait qu'une part très restreinte aux métaphores et aux comparaisons. Celles qui sont employées sont issues d'un registre désormais conventionnel : c'est l'image de l'abîme pour exprimer la faute et la déchéance, ce sont le feu, la guerre ou la sanctification religieuse pour le désir et l'amour, ce sont les ruisseaux de larmes, cliché de la littérature pathétique dite « larmoyante » pour dire la souffrance. Ce n'est que très rarement que Des Grieux se risque dans une comparaison vraiment originale : cela ne se produit qu'à deux reprises, lorsqu'il compare le sentiment qu'il éprouve devant la générosité de Tiberge à « une fleur [qui] s'épanouit à la lumière du soleil » (p. 91) et lorsqu'il évoque le sentiment qui le saisit au retour de Manon vers lui, à Saint-Sulpice :

> « Je frémissais, **comme** il arrive lorsqu'on se trouve la nuit dans une campagne écartée : on se croit transporté dans un nouvel ordre de choses ; on y est saisi d'une horreur secrète, dont on ne se remet qu'après avoir considéré longtemps les environs » (p. 81).

L'éloquence de Des Grieux, particulièrement lorsqu'il exprime à Manon sa douleur d'amant trahi, semble retrouver naturellement le chemin des métaphores classiques :

« Mais, Manon, je vous le dis, j'ai **le cœur percé** de la douleur de votre trahison. Ce sont là **des coups** qu'on ne porte point à un amant, quand on n'a pas résolu sa mort. [...] C'est à vous de considérer à l'heure même quel parti vous voulez prendre ; car **mon triste cœur** n'est plus à l'épreuve d'un si cruel traitement. Je sens qu'il succombe et qu'il est prêt à **se fendre de douleur** » (p. 164-165).

Le mélange des tons

Une tonalité tragique

Un certain nombre d'éléments, en plus du dénouement qui voit la mort de Manon et la séparation définitive des deux amants, impriment au récit une couleur funèbre qui a longtemps conduit à interpréter le roman comme une œuvre sombre, particulièrement désenchantée, l'histoire d'une passion malheureuse qui mène un jeune homme de bonne famille à la ruine, au déshonneur et à des regrets éternels, et une courtisane, repentie et transfigurée par les épreuves, à la mort.

On sera d'abord frappé par la fréquence de tours stylistiques empruntés à la tragédie racinienne : il s'agit d'exclamations formées à l'aide d'épithètes comme « perfide », « infidèle », « parjure » ou « volage » souvent précédées d'une interjection exprimant la douleur comme « ah ! » ou « hélas » – « Perfide Manon ! Ah ! perfide ! perfide ! » (p. 81) –, d'adjectifs comme « funeste », « mortel », « affreux » ou « cruel », d'interjections d'adieu suivies d'une apostrophe – « Adieu, lâche créature » (p. 165) –, d'invocations punitives au Ciel – « Que le Ciel me punisse moi-même si je t'honore jamais du moindre regard ! » (p. 166) –, de l'emphase grandiloquente de certaines expressions – « adieu, père barbare et dénaturé » (p. 192) – ou au contraire de la sobriété digne du récit de la mort de Manon – « Je la perdis » (p. 214). Ces expressions instaurent d'autorité un climat tragique qui peut tromper la vigilance du lecteur.

On se rappelle aussi que les personnages de tragédies classiques sont traditionnellement issus d'une sphère sociale noble et qu'ils expriment des sentiments élevés. Des Grieux correspond à ce canon dans la mesure où il revendique sans cesse sa « qualité », et la « noblesse « de son sang, et que les sentiments qu'ils éprouvent pour Manon se situent dans la sphère de l'idéal, malgré les fréquentes rencontres qu'ils font avec les contraintes d'une vie matérielle.

Le tragique provient du sentiment, que le récit s'efforce de créer, que les personnages, et notamment Des Grieux, sont manipulés par une fatalité qui les dépasse et contre laquelle ils ne peuvent rien : « [...] c'était apparemment la volonté du Ciel, puisqu'il ne lui laissait nul moyen de l'éviter » (p. 59). Nous avons déjà parlé des nombreuses **prolepses** qui annoncent un épisode tragique à venir, et le placent sous la responsabilité d'une Providence maléfique, acharnée sans raison à détruire le fragile bonheur des amants : « La Fortune ne me délivra d'un précipice que pour me faire tomber dans un autre » (p. 105).

Quand ce n'est pas la Providence, c'est une suite de hasards malheureux ou de coups du sort ironiquement tragiques qui semblent à l'origine des malheurs qui s'abattent sur Des Grieux. Dès le début, l'histoire est placée sous le signe de ces hasards contre lesquels le narrateur ne peut rien : il quitte Amiens un jour trop tard (p. 57), il s'installe à Paris avec Manon une première fois rue V..., juste à côté de la maison de M. de B..., et la seconde fois dans la même rue que Lescaut. Le projet de mariage du chevalier au Nouvel Orléans provoque la convoitise de Synnelet et la destruction finale de Manon. Cet épisode même, comme l'ont reconnu beaucoup de spécialistes, se déroule dans un décor – le désert – qui est comme épuré, presque stylisé, comme pour une scène de théâtre (à cette différence près que, dans la tragédie classique, pour des raisons de bienséance, les protagonistes ne meurent pas sur scène) et dans une économie de paroles et de gestes qui évoque la sobriété tragique de certains dénouements raciniens.

La passion qui s'empare de Des Grieux au premier regard qu'il pose sur Manon est d'emblée attribuée à « l'ascendant de [sa] destinée, qui [l'] entraînait à [sa] perte » (p. 59) et « ne [lui] permi[t] pas de balancer un moment sur [sa] réponse ». C'est un sentiment qui s'empare de la totalité de l'être sans lui laisser nul repos, nulle possibilité de résistance, et auquel Des Grieux décide de tout sacrifier car le bonheur qu'il espère avec Manon lui semble toujours plus proche et réalisable que toutes les autres formes de bonheur que lui suggère la morale chrétienne.

Le roman peut donc s'interpréter comme une vision très noire de la passion amoureuse, comme une condamnation de l'aveuglement « volontaire » qu'elle provoque sans jamais apporter aux êtres le bonheur. Cette thématique qui découle d'une vision pessimiste de l'existence est placée dans un environnement sombre qui en souligne encore le tragique : la langue, nous l'avons vu, fait un grand nombre d'emprunts à la tragédie racinienne. Le ton est très souvent celui de la plainte élégiaque et nostalgique, faisant place à l'expression de regrets douloureux. Les scènes pathétiques sont fréquentes, et les larmes, ainsi que les autres signes extérieurs d'une douleur profonde, y font souvent irruption. Enfin, la trame dramatique, avec cette construction tendue vers le dénouement funeste que l'on connaît, semble bien doter le récit d'un point d'orgue tragique.

Cependant, on peut s'interroger sur la pertinence de cette lecture « romantique » qui fait de Des Grieux un héros de roman, victime pathétique d'une passion aliénante contre laquelle il ne peut rien, et qui oublie parfois que ce narrateur est tout à la fois un habile rhétoricien et un comédien hors pair (p. 108) : s'il désire être plaint, sa volonté secrète est sans doute aussi d'être admiré, en tant qu'amant indéfectiblement fidèle et généreux comme en tant que conteur brillant et talentueux (n'oublions pas que le premier commencement de son histoire avec Manon lui permet de faire un brillant « commentaire amoureux » du livre IV de l'Énéide, qu'il espère publier un jour, et que si Manon n'a malheureusement pas la constance de Didon, lui n'a guère de scrupules à se comparer à Énée : « Hélas ! [...], c'était un cœur tel que le mien qu'il fallait à la fidèle Didon », p. 74).

Ne prenons donc pas trop au sérieux cette parole émanant d'un personnage derrière lequel se cache Prévost, qui semble parfois s'amuser à le placer en porte-à-faux, dans des situations où ses actes sont en contradiction avec ses discours, ou dont la dimension burlesque annihile pour une bonne part la grandeur tragique.

Un tragique pastiché ?

Les invocations fréquentes à la Fortune ou aux Dieux prennent parfois, en raison de l'inadaptation du contexte, des allures de **pastiche tragique**. En voici un exemple : il s'agit de l'épisode de l'attaque du convoi des déportées (p. 194-195), dont la grandeur épique et chevaleresque n'est pas maintenue jusqu'à la fin, mais s'effiloche piteusement en une déroute couarde de trois des cinq attaquants. Par réaction, l'invocation initiale et grandiloquente de Des Grieux – « Ô Fortune, m'écriai-je, Fortune cruelle ! accorde-moi ici du moins, la mort ou la victoire » – prend une couleur plus **parodique** qu'épique ou tragique.

Le père de Des Grieux est pleinement conscient de la tendance à la représentation tragique de son fils, et il sait parfaitement imiter pour le **parodier** son style aux résonances raciniennes. Un passage est particulièrement révélateur : il s'agit des adieux de Des Grieux à son père. Le chevalier a bien médité sa « harangue » (p. 190), dans laquelle on retrouve un très grand nombre des marques stylistiques du tragique racinien. Mais elle ne reçoit pas l'accueil auquel son auteur s'attend. Une première fois, elle est interrompue par une question directe du père de Des Grieux qui, agacé, tente d'abréger les circonvolutions de son fils. Une seconde fois, pour atténuer la passion et l'ardeur de ce discours, « qui ne [lui] aurai[ent] pas permis de finir sitôt » (p. 191). Enfin, sur le refus catégorique de son père de ne rien faire pour libérer Manon, Des Grieux achève son propos par un adieu grandiloquent quelque peu ronflant : « N'allons donc pas plus loin ! m'écriai-je en l'arrêtant par le bras ; ôtez-la-moi, cette vie odieuse et insupportable ; car dans le désespoir où vous me jetez, la mort sera une faveur pour moi. C'est un présent digne de la main d'un père » (p. 191). Le chevalier croit avoir atteint au sublime, grâce à la conclusion dramatique de sa harangue. Mais son père n'est pas dupe, et sa réponse introduit une habile rupture de ton par le tutoiement et une certaine familiarité bourrue, donnant de Des Grieux l'image d'un enfant désobéissant plus que celle d'un héros tragique :

> « Je ne te donnerais que ce que tu mérites, répliqua-t-il » (p. 191).
>
> « Je retourne au logis ; je t'ordonne de me suivre » (p. 192).

Des Grieux, outré de ce manque de collaboration, poursuit pourtant dans la même veine (d'où un effet d'ironie puisque le lecteur, qui sait que ces paroles ne seront pas suivies d'effet, ne peut pas complètement adhérer à leur sens), avec toujours plus de grandiloquence et de recherche de l'effet tragique :

> « Il est impossible que je vous suive. Il ne l'est pas moins que je vive, après la dureté avec laquelle vous me traitez. Ainsi je vous dis un éternel adieu. Ma mort, que vous apprendrez bientôt, ajoutai-je tristement, vous fera peut-être reprendre pour moi des sentiments de père » (p. 193).

Le père en vient alors à parodier le style tragique de son fils, en reprenant exactement ses tours les plus typiques, tel le verbe aller à l'impératif, relayé par un autre verbe au même mode, ou la formule d'adieu accompagnée d'une apostrophe dépréciative :

> « Va, cours à ta perte. Adieu, fils ingrat et rebelle » (p. 192).

Formule sur laquelle surenchérit encore le chevalier, qui ne voudrait pas demeurer en reste dans cette joute pseudo-tragique :

> « Adieu, lui dis-je dans mon transport, adieu, père barbare et dénaturé » (p. 192).

La parodie du tragique est d'ailleurs inscrite au cœur même de l'œuvre, de façon explicite, avec la scène où Manon se met à citer de mémoire, en les adaptant à sa propre situation, des vers de la tragédie *Iphigénie* de Racine :

> « Moi ! vous me soupçonnez de cette perfidie ?
> Moi ! je pourrais souffrir un visage odieux,
> Qui rappelle toujours l'Hôpital à mes yeux ?
>
> Non, repris-je, en continuant la parodie :
>
> J'aurais peine à penser que l'Hôpital, Madame,
>
> Fût un trait dont l'Amour l'eût gravé dans votre âme » (p. 156).

Cette référence fonctionne comme un signal, témoignant de la lucidité des deux personnages face aux nécessaires « ajustements « à réaliser dans leur histoire pour qu'elle paraisse véritablement tragique.

Si le tragique est l'absence radicale de compromis avec le réel, ce héros qui va de compromission en compromission semble donc bien peu représentatif du personnage tragique, qui, lui, ne s'abaisse jamais à « négocier ». Malgré l'hérédité qu'il revendique haut et fort, Des Grieux ne se signale, dans l'adversité, que par des velléités de combativité (p. 74).

De plus, comment croire à sa présentation fataliste des événements quand, parallèlement, s'accumulent les preuves de faiblesses bien tristement humaines ?

Enfin, si les faits couronnés par la mort de Manon et la séparation définitive des deux amants évoquent indéniablement une dimension douloureuse de l'existence humaine, le récit qu'en fait Des Grieux *a posteriori* tend paradoxalement à sublimer, par l'écriture et le souvenir, ce que la tragédie de Manon pourrait avoir, pour lui, d'insupportable...

Des éléments comiques

La comédie est inscrite au cœur même de l'œuvre. Prévost ne cesse de le souligner, par de petits détails (Des Grieux a rendez-vous avec Manon pour duper le jeune G... M... rue de **la Comédie**), mais surtout par la présence de scènes d'un comique farcesque indéniable, construites de manière extrêmement visuelle, comme pour faciliter une adaptation théâtrale du roman. Les deux personnages brillent par ailleurs d'un talent naturel de comédien.

Dans cette théâtralisation du récit, on peut observer le goût dont témoigne Prévost pour la réutilisation de **types** comiques, hérités des comédies de Molière ou dans la tradition des romans picaresques : celui du vieillard qui s'oppose au mariage de son fils, celui du jeune provincial encore neuf de toutes passions et compromissions, arrivant dans la capitale où il est déniaisé par une courtisane (c'est d'ailleurs le personnage même qu'il interprète et dont il se moque lors de la scène de comédie montée pour duper le vieux G... M... !, p. 108), ceux de vieillards riches et libidineux, du frère ivrogne qui joue le double rôle d'entremetteur et de valet fourbe...

À maintes reprises, c'est aussi l'habit de *la dupe* que Des Grieux semble endosser avec une extrême facilité : lors, par exemple, de la première trahison de Manon et de ce dîner mélancolique où l'aveuglement de Des Grieux peut prendre un aspect si comique !

On trouve parfois des fragments entiers de comédie, tels l'épisode de la cassette volée par les valets, les scènes de duperie autour du vieux, puis du jeune G... M..., l'évasion de Des Grieux puis de Manon, sans compter les effets comiques qu'obtiennent certaines attitudes puériles de Des Grieux, par exemple, lorsqu'il se met à verser des ruisseaux de larmes et refuse de manger, comme un enfant capricieux, ou qu'au lieu de mobiliser tout son courage au récit du deuxième enfermement de Manon il s'évanouit dans les bras du concierge de l'Hôpital.

Un passage illustre parfaitement la représentation d'attitudes couardes et comiques de Des Grieux : il vient d'emprunter une deuxième fois de l'argent à Tiberge, qui l'a rassuré sur les éventuels dangers qu'il courait à l'issue de son évasion de Saint-Lazare, et rapporte la fierté qu'il éprouve à marcher librement, à pied, dans les rues de Paris. Sa parole se fait même presque lyrique ! Tout à coup, une pensée l'arrête net : il vient de se souvenir qu'il a aussi « l'affaire de l'Hôpital sur les bras, sans compter la mort de Lescaut » (p. 140)... Sa réaction est alors extrêmement ridicule : « Je me retirai dans la première allée, d'où je fis appeler un carrosse » (p. 140) ! Des Grieux – et derrière lui Prévost – semble avoir une prédilection toute particulière pour les situations où le héros a peu à gagner mais le matamore beaucoup.

Le plus connu des épisodes burlesques est sans doute l'épisode de la préparation de l'évasion de Manon de l'Hôpital (p. 133), avec la mention étrange de l'oubli de la « culotte » (c'est-à-dire du pantalon !), détail qui sonne de façon incongrue dans cette scène à haute teneur dramatique, et qui « nous eût sans doute apprêtés à rire si l'embarras où il nous mettait eût été moins sérieux ». Le sourire du lecteur est ainsi souvent convoqué au beau milieu d'épisodes sérieux.

Lorsqu'il fait à son roman quelques corrections et additions pour l'édition de 1753, c'est un épisode ludique qu'insère Prévost, celui du Prince italien. Avec la scène de comédie jouée au vieux G... M... pour le duper, c'est la deuxième fois que l'on va entendre le rire de Manon, et que la comédie est installée au cœur de la tragédie, en une curieuse mise en abyme qui mérite que l'on s'y arrête quelques instants encore. Prenons par exemple le passage étonnant où Des Grieux improvise, pour le vieux G... M..., le personnage du faux jeune frère de Manon, pour lequel la jeune fille le fait passer aux yeux du vieil amant. Dans cette scène, le comique se déploie à plusieurs niveaux, et le rire comporte plusieurs degrés : en effet, Des Grieux dupe M. de G... M... en se faisant passer pour le frère de Manon alors qu'il en est l'amant, et en lui représentant de façon voilée son destin d'amant cocufié. Mais Des Grieux n'est-il pas lui-même la dupe de Manon, lorsqu'elle lui a présenté comme son frère le personnage trouble de Lescaut, qui est peut-être plus son amant que son frère ?

Ce qui pose la question de la nature profonde de ce texte et de l'explication que l'on peut donner au mélange des genres réalisé ici par Prévost. Tout se passe comme si ce dernier veillait à contrebalancer, par la mise en situation romanesque, l'intention de représentation héroïque et tragique de son personnage. Cette façon de lui refuser quasi systématiquement toute grandeur autre que celle provenant de la constance du sentiment qu'il éprouve pour Manon le prive de la dignité tragique à laquelle il aspire, et annule le processus de « catharsis » propre à la tragédie (purgation des passions par identification du spectateur au personnage).

III
THÈMES

L'amour et la passion

C'est l'amour qui, pour les lecteurs contemporains de Prévost, sauve ce roman, « dont le héros est un fripon, et l'héroïne, une catin » ; « parce que toutes les mauvaises actions du héros, le chevalier Des Grieux, ont pour motif l'amour, qui est toujours un motif noble, quoique la conduite soit basse. Manon aime aussi ; ce qui lui fait pardonner le reste de son caractère ». Ces propos, tenus en 1734 par... Montesquieu, témoignent de l'importance de ce « motif » en même temps que du miracle qu'il réalise.

Un coup de foudre

Manon, qui est « l'air de l'Amour même » (p. 79), exerce sur tous ceux qui croisent sa route une séduction immédiate. La première fois qu'il la voit, Des Grieux se trouve « enflammé tout d'un coup jusqu'au transport » (p. 59) et fait d'elle immédiatement la « maîtresse de [son] cœur ».

Un an s'écoule. Manon semble oubliée. Pourtant, le coup de foudre va se renouveler au moment où Des Grieux s'y attend le moins.

> « Dieux ! quelle apparition surprenante ! j'y trouvai Manon. C'était elle, mais plus aimable et plus brillante que je ne l'avais jamais vue. Elle était dans sa dix-huitième année. Ses charmes surpassaient tout ce qu'on peut décrire. C'était un air si fin, si doux, si engageant ! l'air de l'Amour même. Toute sa figure me parut un enchantement » (p. 79).

Le moteur dramatique de l'action

Dès leur première rencontre, Des Grieux déclare son amour à Manon qui, de son côté, « confessa qu'elle [le] trouvait aimable » (p. 61) et ne le repousse pas. Mais il faudra attendre la fin du roman pour que le chevalier soit véritablement « assuré du cœur de Manon » (p. 214), dont il recevra « des marques d'amour » (p. 214) au moment même où elle expire.

L'amour est donc présent du début à la fin du récit, mais il est surtout le moteur dramatique de l'intrigue, puisque c'est par amour que Des Grieux ment, trompe, triche, vole et tue et que c'est aussi, paradoxalement, par amour que Manon le trahit plusieurs fois. Pour le chevalier, il est aussi un moyen commode de se déclarer innocent de tous les forfaits qu'il commet : « C'est l'amour, vous le savez, qui a causé toutes mes fautes. Fatale passion ! [...] L'amour m'a rendu trop tendre, trop passionné, trop fidèle, et peut-être trop complaisant pour les désirs d'une maîtresse toute charmante ; voilà mes crimes » (p. 183).

Processus d'idéalisation

Lorsque tous les signes de la honte et de l'infamie s'abattent sur Manon et que les archers viennent prendre le couple pour le mener à la terrible prison du Châtelet, le chevalier, par conviction autant que par provocation, tend la main à Manon comme à une princesse et lui adresse quelques mots dont la tournure aristocratique et le style soutenu contrastent avec le contexte sordide de la scène :

> « Venez, ma chère reine, lui dis-je, venez vous soumettre à toute la rigueur de notre sort. Il plaira peut-être au Ciel de nous rendre quelque jour plus heureux » (p. 179).

Ce processus d'idéalisation ne permet pas à Des Grieux de comprendre que d'autres – son père, les archers, le vieux G... M... – n'éprouvent pas pour Manon, « ce composé charmant, cette figure capable de ramener l'univers à l'idolâtrie » (p. 198), la même admiration et, surtout, le même respect :

« Quel sort pour une créature toute charmante, qui eût occupé le premier trône du monde, si tous les hommes eussent eu mes yeux et mon cœur ! » (p. 109).

Au Lieutenant général de Police, Des Grieux se hasarde à recommander Manon, dont il vient d'être séparé après l'aventure du jeune G… M…, et qui a été emmenée à la prison du Châtelet : il lui fait « l'éloge de sa douceur et de son bon naturel » (p. 182) et reste interloqué lorsqu'il se voit répondre par l'homme de loi « qu'on la représentait comme une dangereuse personne » (p. 182). Pour lui seul, Manon est « une chimiste admirable » qui « transform[e] tout en or » (p. 204) par la seule force de son amour. Aussi leur « misérable cabane, composée de planches et de boue » (p. 204) du Nouvel Orléans devient-elle, avec l'assurance d'être aimé de Manon, « un palais digne du premier roi du monde » (p. 205), et l'Amérique, malgré ses « campagnes stériles et inhabitées, où l'on voyait à peine quelques roseaux et quelques arbres dépouillés par le vent » (p. 202), « un lieu de délices » (p. 205).

Deux êtres prédestinés

Ce couple étrange exerce sur le lecteur du XVIIIe siècle comme sur le lecteur du XXe siècle une séduction puissante, pour plusieurs raisons : d'abord, parce qu'il est formé de deux êtres très jeunes, tous deux « aimables », et que la force de leur amour est un « spectacle » touchant. Sur la route qui les conduit d'Amiens à Saint-Denis, les différents témoins de leur fuite les regardent « avec admiration » : « […] ils étaient surpris de voir deux enfants de notre âge, qui paraissaient s'aimer jusqu'à la fureur » (p. 63). Cet amour si absolu chez deux êtres si jeunes rencontre, jusque chez les rivaux de Des Grieux, un sentiment de sympathie dont le chevalier a conscience et qu'il exploitera de différentes manières. C'est que Manon et Des Grieux, malgré leurs différences sociales, semblent véritablement faits l'un pour l'autre, ce que symbolise une ressemblance physique troublante, relevée par le vieux G… M… : « Je lui trouve l'air de Manon » (p. 108), dira le vieux libertin, prenant le chevalier pour le frère de Manon.

Pureté et innocence

Deux êtres jeunes, aimables, passionnément épris l'un de l'autre et dont l'amour garde son caractère juvénile et gracieux aux travers des pires turpitudes : voilà un autre élément du miracle de séduction opéré par ce roman. Rien ne semble en effet capable d'entacher la pureté de ce sentiment : pourtant, trois fois, nous l'avons vu, Manon trahit Des Grieux.

Malgré la présence du frère bassement cynique qu'est Lescaut, malgré les « compagnes » qu'elle côtoie à Chaillot et qui exercent sans doute le même « métier » que le sien, malgré le séjour qu'elle fait à l'Hôpital, lieu de honte et d'infamie où l'on enfermait les prostituées, et l'exil final, sur une charrette où elle est enchaînée à d'autres ; qu'elle soit luxueusement habillée, ou que son linge soit « sale et dérangé », qu'elle soit infidèle plusieurs fois, ou prête à mourir pour Des Grieux, qu'elle le fasse cruellement souffrir ou qu'elle lui apporte un bonheur parfait, Manon sera indéfectiblement révérée par Des Grieux, et rien ne viendra ternir son souvenir.

Les souffrances de l'amour

Les trahisons successives de Manon rendent le chevalier « le plus infortuné des hommes » : les manifestations de sa souffrance sont à la mesure de ses sentiments.

> « Je n'eus pas la force de soutenir plus longtemps un discours dont chaque mot m'avait percé le cœur. Je me levai de table, et je n'avais pas fait quatre pas pour sortir de la salle, que je tombai sur le plancher, sans sentiment et sans connaissance. On me les rappela par de prompts secours. J'ouvris les yeux pour verser un torrent de pleurs, et la bouche pour proférer les plaintes les plus tristes et les plus touchantes » (p. 71-72).

Des Grieux apprend la deuxième « trahison » de Manon par la lettre qu'elle lui laisse sur sa table, lui annonçant que les circonstances la forcent à « travaille[r] » pour « le ménagement de [leur] fortune » (p. 100). Cette fois, le chevalier est pris d'un abattement indescriptible, « où il devait [...] entrer de la douleur, du dépit, de la jalousie et de la honte ».

> « Je demeurai, après cette lecture, dans un état qui me serait difficile à décrire ; car j'ignore encore aujourd'hui par quelle espèce de sentiments je fus alors agité. Ce fut une de ces situations uniques auxquelles on n'a rien éprouvé qui soit semblable » (p. 100).

Lorsqu'il la retrouve, quelques pages plus loin, sa tristesse est plus forte que la joie de la revoir toujours aimante et tendre. Son cœur est encore « mortellement affligé » (p. 104) et son amour « gémit de se voir si mal récompensé, ou plutôt traité si cruellement par une ingrate et dure maîtresse » (p. 105).

À la troisième duperie de Manon, la douleur de Des Grieux éclate de nouveau mêlée de colère : « [...] j'entrepris [dit-il] de faire un effort pour oublier éternellement mon ingrate et parjure maîtresse » (p. 159). Il passe ensuite d'une « jalousie mortelle qui [lui] déchirait le cœur [et] se déguisait en une mortelle et sombre tranquillité » à un état violent, un « transport terrible de fureur » (p. 160), pour enfin en revenir à « une profonde douleur » : des « larmes amères commencèrent à couler de [ses] yeux », [...] et « [il] ne fi[t] plus que pleurer, en poussant des gémissements et des soupirs » (p. 160).

On retrouve, dans ces moments de souffrance, le vocabulaire racinien (adverbes « mortellement », « cruellement »...) toujours un peu excessif, le recours à des expressions superlatives, à des formules stéréotypées, aux larmes et aux autres procédés du pathétique. Avant de se réconcilier avec Manon pour la troisième fois (p. 164), le chevalier évoque « son cœur percé de la douleur de [sa] trahison », il parle de « coup qu'on ne porte point à un amant », de « cruel traitement » (p. 165), de cœur « prêt à se fendre de douleur », de cœur qui saigne, il lui dit qu'elle a « causé sa mort », la traite de « fille ingrate et sans foi », d'« amante mille fois volage et cruelle », d'« infidèle » et de « parjure »...

Sous le coup de la jalousie, Des Grieux profère une seule fois des paroles très dures à l'égard de Manon :

> « Je vois mieux que jamais que tu n'es qu'une coquine et une perfide. C'est à présent que je connais ton misérable caractère. Adieu, lâche créature, continuai-je en me levant, j'aime mieux mourir mille fois que d'avoir désormais le moindre commerce avec toi. Que le Ciel me punisse

> moi-même si je t'honore jamais du moindre regard ! Demeure avec ton nouvel amant, aime-le, déteste-moi, renonce à l'honneur, au bon sens ; je m'en ris, tout m'est égal » (p. 165-166).

Des Grieux souffre aussi à la pensée des souffrances de Manon, chaque fois que celle-ci éprouve les rigueurs, les humiliations et les incommodités de la prison – « Ce fut sans doute un bonheur pour moi de ne l'avoir pas su d'abord, car une catastrophe si terrible m'aurait fait perdre le sens, et peut-être la vie » (p. 109).

Une seule de ses larmes suffit même à l'inquiéter et à le bouleverser. Quand il la voit pleurer lors du dernier dîner qu'ils partagent avant la première trahison de Manon, l'ignorance où il est de la cause de ces larmes provoque en lui une « inquiétude » mortelle, et il se met lui-même à verser des pleurs pour partager sa peine... Parfait amant, héros de la fidélité, rien n'est capable de le détourner de son amour.

Cependant, il serait injuste de dire qu'il est seul à souffrir de son amour : Manon aussi aime et souffre.

> « Tous les mouvements de son âme semblaient se réunir dans ses yeux. Elle les tenait fixés sur moi. Quelquefois elle ouvrait la bouche, sans avoir la force d'achever quelques mots qu'elle commençait » (p. 199).

L'image de Manon désespérée et épuisée, « le visage pâle et mouillé d'un ruisseau de larmes qui se faisaient un passage au travers de ses paupières » (p. 197-198), avec ses connotations religieuses de Madeleine repentie, semble concentrer toute l'expression de la douleur qu'elle ressent.

> « Hélas ! une vie si malheureuse mérite-t-elle le soin que nous en prenons ? Mourons au Havre, mon cher Chevalier. Que la mort finisse tout d'un coup nos misères ! [...] Mourons, me répéta-t-elle ; ou du moins, donne-moi la mort, et va chercher un autre sort dans les bras d'une amante plus heureuse » (p. 201).

Les joies de l'amour

Si cette histoire d'amour fait une large place aux souffrances qui lui sont liées (trahison, jalousie, douleur de la séparation, mort de l'être aimé), elle est éclaircie par de nombreux moments de rémission, par des épisodes où le bonheur de vivre dans l'amour fait de fulgurantes et intenses apparitions.

> « En dépit du plus cruel de tous les sorts, je trouvais ma félicité dans ses regards et dans la certitude que j'avais de son affection. J'avais perdu, à la vérité, tout ce que le reste des hommes estime ; mais j'étais maître du cœur de Manon, le seul bien que j'estimais » (p. 199).

Cet hymne à l'amour est présent dès le début du livre, lorsque le chevalier retrouve Manon repentante et aimante dans le parloir de Saint-Sulpice, et qu'il s'apprête à renoncer pour elle à la carrière ecclésiastique qui s'ouvre à lui : « [...] de quelles pertes ne serai-je pas consolé par ton amour ! » (p. 82).

Après chaque séparation, les deux amants ont toujours le même plaisir à se retrouver :

> « Je reçus ma chère maîtresse dans mes bras. Elle tremblait comme une feuille. Le cocher me demanda où il fallait toucher. Touche au bout du monde, lui dis-je, et mène-moi quelque part où je ne puisse jamais être séparé de Manon » (p. 133).

Manon « pleur[e] de joie » et les deux amants n'occupent « qu'une place » dans le carrosse (p. 134).

En dehors de ces moments de paroxysme amoureux, l'histoire fait également une place au bonheur d'une vie quasi conjugale, comme au début de la seconde partie, dans la maison de Chaillot : « Après tout, l'Amour est un bon maître. La Fortune ne saurait nous causer autant de peines qu'il nous fait goûter de plaisirs », annonce fièrement le chevalier, « plus fier et plus content avec Manon et [ses] cent pistoles, que le plus riche partisan de Paris avec ses trésors entassés » (p. 143).

Quand l'argent ne manque pas, les deux amants vivent leur passion dans la douceur de la vie quotidienne. Il en est ainsi lors du premier épisode de vie commune (p. 64), puis de nouveau lors de la première installation à Chaillot (p. 84) – « Manon était la douceur et la complaisance même » –, puis de la seconde (p. 143) où, « pendant les premières semaines, [le chevalier] ne pens[e] qu'à jouir de [sa] situation », et enfin au Nouvel Orléans, où de nouveau une vie « sage et réglée » leur fait connaître « les vraies douceurs de l'amour » (p. 205).

Il y a enfin aussi ces moments de complicité heureuse où l'on entend retentir les éclats de rire de Manon, ces moments d'inconscience et de bonheur léger où les deux amoureux improvisent de petites scènes de comédie pour berner les amants de Manon, et où ils rient ensemble du bon tour qu'ils leur jouent...

Le « réalisme »

Les éléments d'une perception historique et sociale

On ne doit pas attendre d'un roman de la première moitié du XVIIIe siècle qu'il aborde le « réel » avec la précision d'un roman de la fin du XIXe... Nous l'avons vu, le récit se focalise sur les sentiments et les réflexions d'un personnage, sans accorder de place aux descriptions du monde extérieur. La « nature » (évocation de réalités météorologiques, descriptions de paysages ou d'intérieurs) est absente, mais cela ne veut pas dire que le roman se déroule dans un cadre totalement imaginaire, sans aucune vraisemblance historique ou sociale.

Manon Lescaut fait une place originale, par le biais de l'allusion ou de la mise en récit, à un certain nombre de points qui ancrent le texte dans une période historique donnée, et au cœur de difficultés sociales bien réelles.

Prévost entame son roman sans donner de date, mais le rattache avec soin au livre VI des *Mémoires et aventures d'un homme de qualité*, ce qui permet de situer historiquement le récit. Le soin qu'il met à ce rattachement témoigne de sa volonté d'ancrer le roman dans les dernières années du règne de Louis XIV, de 1712 à 1715, et non dans la France de la Régence, comme on l'a pensé longtemps en raison de certaines allusions à des faits historiques datés (comme la fondation de La Nouvelle-Orléans en 1718 ou les déportations massives qui eurent lieu en 1719-1720). Nous ne trouverons trace ni d'événements ni de personnages historiques ; mais Prévost porte aux réalités sociales de cette époque une grande attention : l'histoire de Des Grieux et de Manon est aussi l'histoire d'un amour confronté aux interdits, aux préjugés et aux hypocrisies d'une société en crise, celle du début du XVIIIe siècle à Paris.

De petits faits vrais

Le souci de vraisemblance historique et sociale se manifeste par exemple à travers la mention tronquée de noms de rues ou de personnalités existant dans la réalité : le couple s'installe rue V..., le fermier général B... s'éprend de Manon, la Ligue de l'Industrie se réunit au profit de M. le prince de R..., etc. Comme dans un roman à clé, genre fort en vogue à l'époque, Prévost sème des indices qui, sans le compromettre, permettent d'ancrer le roman dans la réalité. Mais il ne s'agit pas seulement d'indices. Il est aussi fait allusion à des institutions précises, comme l'Hôpital ou le Petit Châtelet, ou à des événements, comme l'expédition en Amérique de convois de prostituées destinées à servir d'épouses aux colons déjà déportés là-bas, et à soutenir l'effort de peuplement des colonies fraîchement implantées au Nouveau Monde.

Dès le début du roman, *in medias res*, Prévost attire l'attention du lecteur sur une scène où chaque détail témoigne d'un souci de vraisemblance : « Deux chariots couverts » (p. 51), dont les chevaux sont encore « fumants de fatigue et de chaleur » viennent d'arriver dans la cour d'une « mauvaise hôtellerie » (p. 51). Un archer « revêtu d'une bandoulière et le mousquet sur l'épaule » (p. 52) renseigne Renoncour sur ses occupantes. Une « vieille femme » sort alors de l'hôtellerie « en joignant les mains » (p. 52). Renoncour note le linge tâché de la jeune fille et la tristesse de son visage, comme Des Grieux lui-même le remarquera bien plus tard dans un passage qui fait écho à celui-ci : « Son linge était sale et dérangé » (p. 198)...

Lorsque Des Grieux attend vainement Manon dans la rue Saint-André-des-Arcs (p. 158), quelques notations fugaces mais efficaces brossent le tableau de la foule anonyme, essentiellement composée de laquais (avec lesquels Des Grieux craint d'être confondu...) qui s'agitent à la sortie de la Comédie.

Privilégiés et marges de la société

Le décor est planté dans une société interlope, en marge du luxe et de la vie aisée des grandes familles aristocratiques. L'aristocratie n'est évoquée qu'à travers les personnages des deux G... M..., le père, vestige d'un temps révolu, celui de la « vieille cour » (p. 107) louis-quatorzième, et son fils, jeune seigneur riche et brillant, aux amours faciles et aux cadeaux somptueux. La famille Des Grieux représente l'aristocratie provinciale (« une des meilleurs maisons de P... », p. 56), moins fortunée, mais d'autant plus attachée peut-être à l'honneur de son nom.

L'histoire s'intéresse beaucoup plus aux marges de cette société d'Ancien Régime, riche et corrompue. Ce n'est pas l'aîné de la famille Des Grieux qui intéresse l'auteur, c'est le cadet. C'est moins le centre de Paris que ses faubourgs (Chaillot), moins ses théâtres que ses prisons. Avec le personnage de Lescaut, c'est le monde du jeu, de la prostitution et de la petite délinquance qui s'introduit dans le roman, un univers de la clandestinité et de l'illégalité avec son envers répressif, peuplé d'archers, de gardiens de prison et de lieutenants de police. Ce personnage vit non seulement de tricheries aux jeux d'argent, très développés à cette époque, mais est sans doute l'un des maillons d'un réseau de prostitution mettant en relation les riches aristocrates avec le demi-monde des coquettes et des jeunes gens désargentés.

Ce monde de la prostitution et sa misère sont également évoqués par la crudité du billet de Manon à Des Grieux (p. 100), ainsi que par le spectacle touchant des occupantes du chariot en route pour le Havre-de-Grâce et l'Amérique.

La langue de Prévost suggère par petites touches l'envers d'une société brillante, et la misère de ceux qui en sont exclus. Le passage sur l'hôtel de Transylvanie (p. 96), où Des Grieux narre les progrès qu'il fait en tant que tricheur, témoigne, par la précision des termes techniques employés, du désir de Prévost de suggérer une réalité bien ancrée dans les mœurs parisiennes nocturnes.

L'argent et les contraintes matérielles

Mais ce qui frappe surtout, c'est l'importance donnée à l'argent, dans sa réalité sonnante et trébuchante, concrète. Les mentions de sommes d'argent rythment en effet le roman, jusqu'à en devenir un véritable leitmotiv : elles sont présentes au moindre rapprochement entre deux personnages, comme si tout échange, toute relation de sociabilité, passait avant tout par un échange d'argent. Ce n'est qu'au Nouveau Monde que le récit cesse de faire une place à l'argent, ce qui correspond assez à l'évocation d'une société qui se veut, peut-être utopiquement, égalitaire.

Du fait de la précision de ces sommes, on peut mesurer l'ampleur des écarts de fortune entre les différents personnages. À côté de la fortune immense des deux G... M... et de M. de B..., les quelques francs (trois cents francs) dont Manon est munie pour se rendre au couvent font une somme dérisoire. Il y a les nantis, ceux qui ont des maisons à offrir à leur maîtresse, et ceux qui, comme Des Grieux, sont sans cesse obligés de compter. Il est en effet frappant de voir l'attention, voire la minutie, que met le narrateur à rendre compte des sommes qu'il emprunte ou qu'il paie.

Dès les premières lignes du roman, le lecteur peut être frappé de l'omniprésence de ces précisions monétaires : dans les explications qu'il donne à Renoncour (p. 53-54), Des Grieux parle à trois reprises de sa bourse vide. Le marquis décide de lui porter secours et ajoute qu'il donne « quatre louis d'or » au chevalier (p. 54), puis deux louis à l'archer (p. 55). « Il m'en coûta six louis d'or », précise-t-il encore, sans paraître pour autant regretter sa « libéralité » (p. 55). Le paragraphe suivant parle à deux reprises de l'hôtel du *Lion d'Or* de Calais, ce qui permet (ironiquement ?) à l'auteur de filer la métaphore monétaire... : « Vous ne me paraissez pas fort bien en argent, lui dis-je ; allez-vous-en au *Lion d'Or* où je suis logé » (p. 56).

Il en sera ainsi durant presque tout le roman. Évoqué en écus, en louis d'or, en livres, en pistoles ou en francs, brassé par sommes énormes ou espéré en quantités infimes, pour payer la course d'un carrosse ou une heure de conversation avec Manon, l'argent est omniprésent. Au cours de ses déboires, Des Grieux découvre que « l'on peut aimer l'argent sans être avare » (p. 87), pour le pouvoir qu'il donne sur ceux qui n'en ont pas, comme

Manon. L'Amérique, *a contrario*, lui semble un temps devoir être un lieu où l'amour n'est pas régi par les lois de l'argent : « Nos compatriotes y viennent chercher de l'or ; ils ne s'imaginent pas que nous y avons trouvé des trésors bien plus estimables » (p. 205-206).

Bien que riche en théorie, sans l'appui de sa famille Des Grieux ne dispose d'aucun argent à lui. Lorsque le penchant insatiable de Manon pour les plaisirs se déclare, il devient rapidement évident que leur amour est dangereusement menacé.

Le manque d'argent que ressent perpétuellement Des Grieux est également à lire dans ses divers modes de déplacement. Selon les ressources dont il dispose, Des Grieux choisit en effet de se déplacer en carrosse, en chaise de poste, en fiacre, à cheval, ou encore, comme nous l'avons vu, à pied, ce qui, au XVIIIe siècle, dans une ville comme Paris, est un signe indubitable de pauvreté.

Les lieux où le couple, dans sa course incessante, trouve à se loger sont également marqués du caractère de la fragilité sociale et de l'éphémère : ce sont des auberges, des appartements meublés qu'ils louent (rue V... à Paris, à Chaillot, ou de nouveau à Paris, dans une autre rue), une cabane. Rien de solide ni de durable, rien qui leur appartienne en propre. À côté de ces pauvres logements, on comprend que les offres de G... M..., qui tient « prête pour Manon et son « petit frère » une « maison commode », ou celles de son fils (« un hôtel meublé »), figurent pour Manon une tentation non négligeable.

Un code de valeurs nobles

Les agissements des personnages témoignent aussi de l'intériorisation d'un code de valeurs qui reflète fidèlement l'état (souvent conflictuel) des relations sociales au début du XVIIIe siècle et la suprématie de l'aristocratie qui continue d'imposer fortement ses valeurs.

Le prestige de la « naissance » est encore loin d'être un vain mot : le chevalier Des Grieux est fier de son sang, et n'hésite pas à comparer l'ancienneté de sa famille à celle des G... M... (« Apprends que je suis d'un sang plus noble et plus pur que le tien » (p. 175), lance-t-il à l'intention du vieux G... M...). Il lui échappe aussi, envers les domestiques et plus généralement tous ceux qui sont condamnés à « servir », des paroles qui reflètent l'étendue des préjugés sociaux de l'époque : « Ce garçon », dit-il du valet qui sert Manon à l'Hôpital, « avait l'âme moins basse et moins dure que ses pareils » (p. 131). À l'inverse, Des Grieux éprouve une sorte de respect irrésistible devant toute forme de noblesse : il s'offusque du manque d'égards de Manon envers un « Prince » (« je me sentais porté à réparer ce petit outrage par mes politesses », p. 149), et frappe à la porte de l'hôtel particulier de son dernier rival, le jeune G... M..., « avec le respect qu'on a pour un temple » (p. 163).

Le manque de noblesse dans la naissance semble déterminer le manque de distinction des manières et une moindre délicatesse de sentiments : M. de B..., que le père de Des Grieux appelle, sans doute intentionnellement, M. B., le privant ainsi d'une particule qu'il a dû usurper, bourgeois enrichi par l'institution de la ferme générale, fait figure d'un de ces « parvenus » dont se moque Saint-Simon dans ses *Mémoires*. Le père de Des Grieux a soin de marquer, par antiphrase, ses distances vis-à-vis de B... :

> « C'est bien d'un homme tel que lui, de qui d'ailleurs je ne suis pas connu, qu'il faut attendre des sentiments si nobles » (p. 71).

Manon elle-même, qui n'est pourtant pas du même monde que M. Des Grieux, a remarqué l'absence de délicatesse de son premier amant, tant dans la façon mercantile dont il lui a fait la cour que dans l'étalage trop ostentatoire des richesses dont il l'entoure, une fois qu'elle est devenue sa maîtresse. À l'inverse, Des Grieux affirme dans son récit que, « étant d'une naissance commune », elle s'est sentie « flattée d'avoir fait la conquête d'un amant tel que [lui] » quand elle apprend « qui [il est] » (p. 61).

Pourtant, avec humour et peut-être aussi par fidélité envers les changements sociaux en gestation dans ce début de XVIIIe siècle, Prévost brouille les cartes en dotant Manon d'un « air de qualité », auquel Renoncour lui-même est sensible : « Parmi les douze filles, qui étaient enchaînées six à six par le milieu du corps, il y en avait une dont l'air et la figure étaient si peu conformes à sa condition, qu'en tout autre état je l'eusse prise pour **une personne du premier rang** » (p. 52).

La notion d'écart social devient un obstacle réel quand deux êtres très éloignés socialement aspirent, par le mariage, à un rapprochement de leurs situations. Or Manon et Des Grieux n'appartiennent pas au même groupe social. La différence de rang est encore accentuée par la perspective d'un avenir brillant pour Des Grieux. À l'inverse, les égarements dans lesquels tombe Manon pour « rendre [son] Chevalier riche et heureux » (p. 100) la font tomber rapidement du rang honorable de fille de famille « envoyée [à Paris] par ses parents, pour [y] être religieuse » (p. 59) à celui, beaucoup plus équivoque, de femme entretenue.

C'est pourquoi le père de Des Grieux, sans être dépourvu d'affection et de tendresse pour son fils, repousse constamment l'idée même d'une union avec Manon. La possibilité d'une comparaison entre la passion que Des Grieux a pour Manon et les sentiments que lui-même a éprouvés pour son épouse lui paraît un sacrilège qui « échauffe [son] indignation (p. 191). La famille entière fait donc obstruction à ce mariage, et traite le chevalier avec une sévérité qui témoigne bien de l'enjeu que représente le mariage d'un fils de famille noble au XVIIIe siècle.

De même que le père de Des Grieux ne peut envisager cette alliance, Manon elle-même, victime de préjugés sociaux inconsciemment intériorisés, n'a jamais eu « la présomption d'aspirer à la qualité de [son] épouse » (p. 207). Elle y est même opposée, lorsqu'au tout début du roman il lui en fait la demande : « Manon reçut froidement cette proposition » (p. 64). Et si le projet d'un mariage secret est évoqué avant même la fuite hors d'Amiens (« nous irions droit à Paris, où nous nous ferions marier en arrivant », p. 61), il est oublié à Saint-Denis. Le mariage n'est envisageable qu'au Nouvel Orléans, parce que l'Amérique dessine un espace étranger aux hiérarchies sociales du vieux continent : Des Grieux y peut ainsi occuper un petit emploi sans « déchoir ».

En s'enfuyant avec Manon et en abandonnant ses études, Des Grieux a oublié le plus élémentaire de ses « devoirs » : l'obéissance à son père. Car une naissance aristocratique, en plus des préjugés sociaux dont elle s'entoure, impose aussi un certain nombre de devoirs. Les péripéties désastreuses qui forment l'histoire du chevalier sont d'ailleurs présentées par lui comme le « châtiment » (p. 217) réservé par la « Providence » aux infortunés de son espèce qui se laissent égarer « volontairement » loin de leurs devoirs et de l'honneur.

L'obéissance filiale, notamment sur le plan du mariage, est l'un de ces devoirs encore en vigueur au début du XVIIIe siècle. Le père de Des Grieux se montre compréhensif en acceptant de ne pas diriger de force son cadet vers une carrière ecclésiastique (ce qui était souvent le cas dans les familles nobles, pour éviter que le patrimoine ne soit à partager entre les différents héritiers). Mais il se montre inflexible sur le choix de l'épouse : « Je t'en chercherai une [dit-il au chevalier], qui ressemblera à Manon, et qui sera plus fidèle » (p. 73).

L'Église conforte ce code de valeurs aristocratique en distillant un enseignement moral qui vise à préserver l'ordre social existant. Si Tiberge tente à plusieurs reprises de persuader Des Grieux des ravages causés par la passion amoureuse, qui éloigne l'homme de son devoir, de toute « tranquillité », et de la « vertu », il prend aussi en compte des intérêts plus matériels, ceux de « l'honneur « et de « la fortune » de Des Grieux (p. 96). La condamnation morale rejoint alors le code de valeurs sociales : la passion amoureuse est stigmatisée par l'Église parce qu'elle met en danger l'ordre social établi en favorisant les échanges entre les diverses couches sociales.

Une dimension critique

Avec le rappel constant des nécessités matérielles dans lesquelles le narrateur est prisonnier, ainsi qu'avec la mention « pointilliste » mais efficace d'une société vivant d'expédients en marge d'un groupe de privilégiés, Prévost réussit à faire s'interroger son lecteur sur la légitimité d'une telle situation.

Même s'il ne prend jamais la parole en son nom mais s'éloigne au contraire le plus possible de son narrateur, en déléguant le récit à Renoncour qui cède la parole à Des Grieux, c'est-à-dire à deux instances narratives appartenant toutes deux au monde de la fiction, son roman ne transmet pas, de la réalité évoquée, un reflet neutre. La censure étant, au moment où *Manon* paraît, parfaitement en activité, et Prévost lui-même obligé à un certain nombre de ménagements en raison de la fragilité de sa situation personnelle, il n'est pas imaginable qu'il prenne directement la parole pour vilipender un état de fait contestable. Il n'aime d'ailleurs jamais à se placer en position de censeur dogmatique. Cependant, par petites touches, et via la fiction romanesque, il porte atteinte à un certain nombre d'institutions, comme l'Église ou la Justice, et attire notre regard sur l'hypocrisie morale de la haute société.

Celle-ci semble profondément corrompue : si Tiberge échappe à la force des passions, il n'en est pas de même de tous les membres du clergé qui, selon Des Grieux, « savent accorder fort bien une maîtresse avec un bénéfice » (p. 96-97). Malgré leur beau nom, de grands aristocrates comme le vieux M. de G... M... n'hésitent pas à dépenser une partie de leur fortune pour débaucher une jeune fille dont ils espèrent qu'elle ne saura pas résister à l'attrait de présents importants. Le jeune G... M... est prêt lui aussi à des dépenses somptueuses pour acquérir les faveurs d'une femme qu'il n'estime pas assez pour en faire son épouse.

L'image de l'« honnête homme » semble donc avoir évolué dans le sens d'un libertinage dont on ne se cache même plus. « Je vis avec une maîtresse [avoue Des Grieux à son père] [...] : M. le Duc de... en entretient deux, aux yeux de tout Paris ; M. de... en a une depuis dix ans [...]. Les deux tiers des honnêtes gens de France se font honneur d'en avoir » (p. 184). Les conseils de Lescaut à Des Grieux révèlent l'étendue d'un trafic de courtisanes dont l'aristocratie, en la personne du vieux G... M..., semble familière : « [...] il connaissait un seigneur, si libéral sur le chapitre des plaisirs, qu'il était sûr que mille écus ne lui coûteraient rien pour obtenir les faveurs d'une fille telle que Manon » (p. 89). Corrompue par le libertinage, l'aristocratie l'est aussi par le jeu et cherche à s'octroyer de hauts revenus par la pratique bien institutionnalisée de la tricherie : « M. le Marquis de... et le Comte de... n'ont point d'autres revenus ; M. le Prince de... et M. le Duc de... sont les chefs d'une bande de chevaliers du même Ordre » (p. 184).

Le problème que soulève le récit tient à ce que ce sont ces aristocrates « libéraux » et « libertins » qui condamnent les mœurs des autres et se placent en position de justiciers : c'est le cas de « ce vieux monstre d'incontinence » (p. 175) qu'est G... M... qui, humilié deux fois de suite par les deux amants, se venge triomphalement en les faisant passer pour des libertins débauchés, voleurs de surcroît, voire criminels en puissance (arrestation du jeune G… M…). Cette société aristocratique libertine a ses règles tacites, que Manon, dans sa légèreté, a voulu enfreindre : elle a elle-même estimé qu'elle « ne devait rien » à M. de B… et pouvait emporter « comme de justice » la totalité des sommes qu'il lui a données, ayant rempli son « contrat » auprès de lui pendant deux ans. Ces sommes d'argent, ces présents en nature, n'entrent dans aucun cadre légal, il n'est donc pas légitime que la justice condamne ce qui est fait en toute illégalité, et dans le dessein condamnable que l'on sait.

La rancune du vieux G… M… est tenace : il est riche, puissant, la justice sera donc de son côté. Et elle ne frappera pas Des Grieux, mais Manon, c'est-à-dire une femme sans appui ni protection, dont le statut de femme entretenue est facilement identifiable à celui d'une « fille de joie » de bas étage, catégorie dans laquelle la sévérité de la sentence fait basculer Manon du jour au lendemain sans qu'aucun procès, ni aucune enquête, ne soient menés. Entre les familles de la noblesse, une solidarité de caste semble jouer, puisque la démarche faite par le père de Des Grieux auprès du vieux G… M… (p. 185) suffit à le faire renoncer à ses projets de vengeance qui, au début, touchaient autant Manon que Des Grieux, emprisonnés ensemble au Châtelet. La phrase « J'emploierai ma famille pour sortir du Châtelet » (p. 180) prononcée par le chevalier avant de quitter Manon s'avère *a posteriori* ironiquement prémonitoire : Manon, qui n'a pas de « famille », c'est-à-dire pas de famille noble, n'aura, elle, à attendre aucun secours, ni aucune grâce de personne.

La justice du XVIIIe siècle entérine les inégalités de statut social. Des Grieux, personnage surprotégé, n'a en définitive rien à craindre, puisqu'il suffit d'avoir une famille et un nom pour fléchir une décision de justice et un Lieutenant de Police, qui se plie étonnamment facilement aux demandes des « deux pères » :

> « Ils allèrent ensemble, je dis les deux pères, chez M. le Lieutenant général de Police, auquel ils demandèrent deux grâces : l'une, de me faire sortir sur-le-champ du Châtelet, l'autre d'enfermer Manon pour le reste de ses jours, ou de l'envoyer en Amérique. […] M. le Lieutenant général de Police leur donna sa parole […]. M. de G… M… me fit un compliment civil sur le

> passé, et m'ayant félicité sur le bonheur que j'avais d'avoir un tel père [...]. Nous sortîmes ensemble, sans avoir dit un mot de ma maîtresse » (p. 185-186).

Avec de l'argent, il est possible, pour Des Grieux, d'obtenir, à la prison du Châtelet, un adoucissement notoire de son sort : « Mon argent eut un fort bon effet. On me mit dans une chambre proprement meublée, et l'on m'assura que Manon en avait une pareille » (p. 180). Mais cette dernière hypothèse est fort peu probable...

Quand ce n'est pas grâce à son argent, c'est grâce à son air de distinction naturelle que Des Grieux parvient à prédisposer agréablement ses geôliers à son égard, ce qui ne témoigne pas moins de l'état de discrimination sociale dans lequel baignent tous les rapports sociaux : ainsi lorsqu'il arrive au Nouvel Orléans, le Gouverneur lui assure que « s'il est vrai qu'[il ait] autant de savoir-vivre que [sa] figure le [lui] promet, [il] n'épargnera rien pour adoucir [son] sort » (p. 203).

L'originalité de Prévost est de suggérer cet état de fait par la bouche même d'un de ses bénéficiaires ; au lecteur de faire le reste du chemin...

La parole et ses pièges

C'est le statut même du texte, une **narration à la première personne** où transcripteur et acteur sont deux personnages fictifs, derrière lesquels se cache en réalité le seul auteur et inventeur de ces lignes, Prévost, qui rend aiguë la question des pièges de la parole. Le lecteur ne disposant en effet que du témoignage d'un narrateur, intéressé, pour les raisons que l'on va voir, à magnifier son histoire et à se présenter comme une victime tragique plus que comme un homme responsable de ses malheurs, et ce même narrateur soulignant sans cesse lui-même les artifices de persuasion dont il a usé pour convaincre ceux dont il avait besoin, il est en droit de suspecter la bonne foi de ce narrateur qui cherche à imposer de force sa sincérité et à prendre une certaine distance critique vis-à-vis de ce qui lui est présenté comme la vérité.

Les ruses du beau style et de la rhétorique

L'ennoblissement de la réalité

On peut repérer dans le texte un certain nombre de tours stylistiques conventionnels appartenant au style élevé ou au langage de la **préciosité galante**. Très souvent, **l'expression est amplifiée** par des hyperboles (« [...] j'aurais sacrifié pour Manon **tous les évêchés du monde chrétien** », p. 83), des pluriels poétiques (« elle m'accabla de **mille** caresses passionnées », p. 81) ou des superlatifs absolus (« **la plus** volage et **la plus** perfide **de toutes** les créatures », p. 73).

La relation amoureuse qui lie Des Grieux à Manon comme la façon dont Manon est le plus souvent désignée dans les moments où elle n'est pas la « perfide Manon », sont l'objet d'une **idéalisation précieuse** : il est question de « parfaits amants » (p. 130), d'une « amante incomparable » (p. 213), d'« une personne qui mérite l'empire de tous les cœurs » (p. 131), elle est « la chère reine » de Des Grieux (p. 179), sa « toute-puissante Manon » (p. 166), etc.

Les **expressions désuètes héritées de l'amour courtois** qu'emploie parfois Des Grieux à propos de Manon sont tournées en dérision par le père de Des Grieux, car elles lui semblent complètement en décalage avec la réalité des faits (p. 70-71) : « Tu sauras donc, reprit mon père, puisque tu l'ignores, que Monsieur B... a gagné le cœur de **ta princesse** », « Tu sais **vaincre** assez rapidement, Chevalier, mais tu ne sais pas conserver tes **conquêtes**. »

La rhétorique, ouvrière de persuasion

Si Des Grieux veut séduire par l'élévation de son style, et permettre ainsi à ce qu'il a vécu d'atteindre à la gloire littéraire, il veut aussi émouvoir son auditoire (p. 56), et le convaincre qu'il est victime d'un destin tragique. D'où quelque chose qui semble d'emblée ne pas pouvoir s'accorder avec le désespoir qu'il affiche, et qui est en fait l'art et la maîtrise avec lesquels il mène son récit. Renoncour le remarque avec pertinence : « Quoiqu'il parût faire assez tranquillement ce récit, il laissa tomber quelques larmes en le finissant » (p. 54).

Par quels moyens Des Grieux parvient-il à émouvoir ? D'abord par son ton, empreint d'un charme triste qui fait une large place à l'expression des regrets, de nature diverse. Beaucoup de « hélas », de **prolepses**, qui anticipent tristement, au beau milieu d'événements heureux, sur un avenir douloureux, beaucoup de soliloques empreints d'une tonalité désenchantée où Des Grieux réfléchit *a posteriori* au curieux sort qui a été le sien.

Cette figure d'amant fidèle et à jamais inconsolable que l'on voit marcher tristement dans les rues de Calais (p. 55) dépose sur l'ensemble du roman un charme nostalgique, qui est aussi celui que revêt toute narration d'un bonheur passé qui n'existera jamais plus, mais que le souvenir, aidé de l'écriture, peut aider à prolonger et à apaiser.

Il y a aussi dans le récit une indéniable attention portée aux **scènes pathétiques**. Le narrateur insiste sur les manifestations physiques du chagrin. En outre, Des Grieux se montre sans cesse comme un être particulièrement sensible : « Je n'eus pas la force de soutenir plus longtemps un discours dont chaque mot m'avait percé le cœur. Je me levai de table, et je n'avais pas fait quatre pas pour sortir de la salle, que je tombai sur le plancher, sans sentiment et sans connaissance » (p. 71).

Certaines scènes le dépeignent, à l'inverse, dans des poses si maladroites qu'elles nous émeuvent en sa faveur : elles semblent issues d'un jaillissement de **sincérité**, non d'une volonté de représentation tragique. Par exemple, ce moment où, recevant la visite du vieux G... M... dans sa « prison » de Saint-Lazare, Des Grieux se jette sur lui et « [fait] des choses si étonnantes que tous les assistants, qui en ignoraient la cause, se regardaient les uns les autres avec autant de frayeur que de surprise » (p. 114). La scène est loufoque (ce dont témoigne la réaction plus amusée qu'inquiète des spectateurs) car Des Grieux ne fait en réalité aucun mal à G... M... Mais, envoûté par le style, le lecteur ne pense pas à rire.

Pour persuader ceux qui s'opposent à ses désirs, ou pour se persuader lui-même qu'il a bien agi, Des Grieux, en bon élève rompu à l'éloquence jésuite (p. 59), déploie dans ses discours une véritable **rhétorique de la persuasion** et, ce qui est plus curieux, souligne de lui-même les petits arrangements qu'il opère avec la vérité. Tel, par exemple, le discours qu'il tient à son père (p. 183-184), venu lui reprocher le scandale de sa conduite après l'incarcération dans la prison du Châtelet : le chevalier commence sa défense par un exorde en forme de *captatio benevolentiae*, puis met en avant le véritable responsable des « fautes » (non des crimes) qu'il reconnaît avoir commises, cette « fatale passion » (p. 183), qui l'a rendu « trop complaisant ». Une sorte de didascalie vient ensuite préciser l'attitude qui a accompagné le discours : « Je laissai tomber quelques larmes en finissant ces paroles » (p. 183). Des Grieux parle peu après du « tour » qu'il a donné à ses excuses, et souligne complaisamment les ruses auxquelles il recourt pour convaincre son père, après avoir réussi à l'émouvoir : « À chaque faute dont je lui faisais l'aveu, **j'avais soin** de joindre des exemples célèbres, **pour en diminuer la honte**. »

Cette technique fonctionnera bien jusqu'à l'entrevue du Luxembourg (p. 190), lors de laquelle son père refuse d'entrer dans son jeu : « Je ne te donnerai que ce que tu mérites, répliqua-t-il » (p. 191).

Manon est la première personne que Des Grieux cherche à convaincre : « Je lui parlai d'**une manière** qui lui fit comprendre mes sentiments », « Je combattis la cruelle intention de ses parents, **par toutes les raisons** que mon amour naissant et **mon éloquence scolastique** purent me suggérer » (p. 59).

Puis ce sera au tour de Tiberge : « Je la lui **représentai** [ma passion] comme un de ces coups particuliers du destin », « Je lui fis **une vive peinture** de mes agitations » (p. 93). Ces expressions dénotent la volonté de représentation dont s'accompagne le récit du chevalier.

Au Supérieur de Saint-Lazare, il « [**représente**] les choses, à la vérité, **du côté le plus favorable** pour [Manon et lui] » (p. 115), et parvient à faire douter le digne vieillard, qui reconnaît n'avoir « jamais compris [leur] aventure de la manière dont [Des Grieux] la racont[e] » ! Lorsqu'il rencontre M. de T... pour la première fois, il vise à « échauffer ses sentiments naturels » (p. 127) pour le rendre bien disposé envers Manon, et joue de nouveau la carte de la sincérité de façon tout à fait hypocrite : « Je ne doutai point qu'il ne fût informé de la part que j'avais eue à cette aventure, et **pour le gagner**

de plus en plus, en me faisant un mérite de ma confiance, je lui racontai le détail de tout ce qui était arrivé à Manon et à moi » (p. 127).

Ce qui est amusant, c'est que Des Grieux est lui-même l'objet de la part de Manon de la même stratégie de persuasion, fondée sur une mise en scène de la sincérité !

> « D'ailleurs, par un tour naturel de génie qui m'est particulier, je fus touché de l'ingénuité de mon récit, et de **cette manière bonne et ouverte** avec laquelle elle me racontait jusqu'aux circonstances dont j'étais le plus offensé » (p. 170).

En même temps que Renoncour et le lecteur, il semble que ce soit aussi lui-même que Des Grieux cherche à persuader : il se lance régulièrement dans de longs « raisonnements « qui ont pour but soit de justifier une décision particulièrement amorale, soit de faire passer pour glorieuse une attitude manquant cruellement de force d'âme. Dans le passage de la justification du vol (p. 88), on en trouve un exemple flagrant : en se référant sans cesse à la caution de la Providence divine et en généralisant son propos pour lui donner l'allure de maximes indiscutables (articles définis et pluriels, sujets impersonnels, présent de l'indicatif, phrases courtes et bien frappées, mode déclaratif, rythme binaire, etc.), Des Grieux cherche à se convaincre qu'il est dans son bon droit. On ne sait si son auditoire et ses lecteurs seront convaincus de cette étrange vision des choses mais elle réussit au moins à calmer le désespoir de son inventeur : « Ces pensées me remirent un peu le cœur et la tête » (p. 89).

Une intention de représentation tragique

Le récit de Mémoires à la première personne accroît la confiance du lecteur et endort les doutes qu'il pourrait avoir sur la sincérité de ce narrateur. Pourtant, une lecture approfondie révèle que ce personnage romanesque est également animé du souci permanent de se présenter et de présenter les événements qu'il raconte sous le « côté le plus favorable » (p. 115), le plus propice à la construction d'un destin tragique qui lui donne l'épaisseur et la dignité d'un personnage littéraire.

Il lui faut pour cela jouer toujours le beau rôle, ou le rôle pathétique de la victime. Mais le grand nombre de bassesses qu'il est amené à commettre s'accorde mal avec la délicatesse, souvent soulignée, de sa personnalité et de ses principes. C'est pourquoi dans tous les cas où son honneur de gentilhomme est mis à mal par un comportement peu glorieux, l'épisode est systématiquement suivi d'une justification en bonne forme qui tend à doter d'une valeur positive ce qui bien souvent n'est qu'une lâcheté, indigne du sang dont il se réclame.

Les affronts qu'il subit de la part de ceux qui exercent sur lui un pouvoir donnent souvent libre cours à un flux de décisions vengeresses, qui se transforment finalement systématiquement en une série de supplications humiliantes, converties en sacrifices positifs. Ainsi, lorsqu'il apprend que le Gouverneur a sur Manon des vues qui contrecarrent celles que lui-même a formées, son agitation est à son comble : il pense même un instant à soulever le peuple en sa faveur ! Mais face au Gouverneur, « [il s'abaisse], pour le toucher, à des soumissions qui [l']auraient fait mourir de honte, s'[il] les [eût] faites pour toute autre **cause** » (p. 210).

Voici un autre exemple de cet esprit de soumission, bien proche de la lâcheté mais converti, par la justification du narrateur, en sacrifice digne d'admiration :

> « Je compris, sans beaucoup de réflexions, que c'était une chose d'une terrible conséquence pour nous d'être une fois renfermés au Châtelet. J'en prévis, en tremblant, tous les dangers. Malgré toute ma fierté, je reconnus qu'il fallait plier sous le poids de ma fortune, et flatter mon plus cruel ennemi pour en obtenir quelque chose par la soumission. Je le priai, d'un ton honnête, de m'écouter un moment » (p. 178).

Plus qu'à un preux chevalier courtois c'est à un héros matamore que Des Grieux ressemble le plus souvent, ce que révèle également la scène de l'attaque du convoi (p. 194-195).

Sa passion pour Manon édifiée en « cause » requérant un certain nombre de sacrifices, Des Grieux ne cesse de bafouer, par ses actes et ses pensées, l'éthique aristocratique dont il se réclame et présente la perte de ses valeurs et de ses repères moraux comme une conséquence tragique de l'amour qui le lie à Manon. Mais le lecteur n'est-il pas libre de l'interpréter autrement, quand Prévost lui donne certains indices qui peuvent l'inciter à mettre en doute la représentation héroïque et tragique que le narrateur fait de lui-même ?

Un de ces indices est l'existence de périodes où les scrupules moraux et les remords de Des Grieux le laissent entièrement en repos, et où il accède à un bonheur et à une tranquillité d'esprit qui semblent complets : lorsque le récit reprend, au début de la seconde partie, Des Grieux a derrière lui déjà un certain nombre de méfaits (vols, assassinat, tricherie organisée à l'hôtel de Transylvanie, exploitations et trahisons nombreuses de la bonne foi de son ami Tiberge) qui devraient suffire, s'il était le véritable honnête homme qu'il dit être, à l'empêcher de goûter un seul instant de bonheur ! Ce n'est pourtant pas le cas : la vie semble reprendre pour lui son cours de plaisirs (p. 143) et la seule présence de Manon à ses côtés fait instantanément disparaître toute conscience morale... À vrai dire, celle-ci ne semble se manifester chez lui que lorsque les soucis surviennent. Le reste du temps, Tiberge a bien quelque raison de parler d'« endurcissement » (p. 97).

Des Grieux, au moment de faire une pause dans son récit pour se reposer et se restaurer en compagnie de ses auditeurs, les assure qu'ils trouveront « quelque chose encore de plus intéressant dans la suite de son histoire » (p. 142). Il cherche donc à intéresser autant qu'à émouvoir : en découlent certains artifices de narration qui témoignent également d'une volonté de transformation d'une histoire, qui, certes, se termine douloureusement (surtout pour Manon...), en une œuvre littéraire relatant un destin tragique, celui de Des Grieux.

Un récit tragique, sur le modèle de la tragédie grecque ou classique, se doit de mettre en action, outre des personnages nobles aux intentions généreuses et courageuses, un mécanisme de destruction qui les amène à une fin funeste sans qu'ils puissent à aucun moment rien faire pour échapper à leur sort, ou, s'ils tentent quelque chose, que ces décisions mêmes, qui semblent un instant devoir les sauver, se retournent contre eux par un effet d'**ironie tragique**, et les précipitent encore plus sûrement vers le destin qu'ils ont tenté d'éviter. L'idée d'un homme manipulé par une force qui le dépasse relève d'une conception « religieuse » de l'existence humaine, c'est pourquoi cette **fatalité** à l'œuvre dans les tragédies est généralement interprétée comme une transcendance poursuivant, à travers le destin des hommes, un idéal de justice divine.

Or, qu'observons-nous dans l'*Histoire du chevalier Des Grieux et de Manon Lescaut* ? Reprenons le début de l'Avis de l'auteur (p. 47-49) : à l'évidence, l'auteur se plaît à attirer notre attention sur le fait que son héros n'est aucunement manipulé par une transcendance quelconque, mais qu'il s'aveugle volontairement. Bien plus que d'une véritable transcendance divine, il s'agit ici d'**une formulation rhétorique**, à laquelle Des Grieux recourt systématiquement à la veille d'une nouvelle chute pour, d'une part, tenir l'intérêt du lecteur en suspens, d'autre part, donner à son « histoire » une allure de représentation tragique, et se peindre lui-même sous les traits d'une victime innocente poursuivie par un destin vengeur.

Surtout, le **récit rétrospectif à la première personne** permet au narrateur de rétablir facilement une logique qu'il gouverne à son souhait. Écoutons-le s'exprimer :

> « J'ai remarqué, dans toute ma vie, que **le Ciel a toujours choisi**, pour me frapper de ses plus rudes châtiments, le temps où ma fortune me semblait le mieux établi. Je me croyais si heureux [...] qu'on n'aurait pu me faire comprendre que j'eusse à craindre quelque nouveau malheur. Cependant, **il s'en préparait** un si funeste [...] » (p. 150-151).

Et, quelques lignes plus bas, alors que le jeune G... M... se présente chez les amants :

> « **C'est le Ciel qui me l'amène**, dis-je à M. de T..., pour le punir de la lâcheté de son père » (p. 151).

Ou encore ce passage, qui précède immédiatement l'assassinat de Lescaut :

> « C'est quelque chose d'admirable que la manière dont la Providence enchaîne les événements » (p. 134).

On le voit, Des Grieux ne cesse, dans son commentaire, d'accentuer, par cette référence constante à une « divinité » manipulatrice, la continuité logique d'événements souvent indépendants les uns des autres. Seul maître de la narration, il oriente le discours dans le sens qui lui convient, au moment où il a vécu les événements comme au moment où il les raconte, par le biais du récit et du discours rapporté. La parole qu'il nous transmet est donc, dès le début, une parole piégée...

Le roman de l'ambiguïté

Le roman met en présence différents codes de référence : un certain nombre de personnages revendiquent des valeurs et une morale aristocratiques, d'autres, et en particulier Tiberge, une morale chrétienne. Des allusions, directes ou allégoriques, à la morale antique, stoïcienne et épicurienne, et à l'idéalisme héroïque et chevaleresque des romans courtois achèvent de brouiller les repères du lecteur, d'autant que Des Grieux effectue un savant mélange de ces différents systèmes de valeurs. D'où une ambiguïté doctrinale qui, loin d'affaiblir le roman, le rend d'une lecture toujours plus excitante.

Une condamnation de la passion ?

Une des ambiguïtés fondamentales du roman est de présenter la passion amoureuse sous un jour double. La lecture qui s'impose de prime abord, sous l'influence même de certaines parties du discours du narrateur, est héritée d'une vision religieuse, **augustinienne** : la passion amoureuse prive l'être de volonté et le conduit à l'aveuglement sans qu'il lui soit possible de résister. Étymologiquement, la passion est ce qui rend l'être à la fois souffrant et passif. Cette doctrine s'accompagne d'une vision pessimiste de l'existence humaine, dans la mesure où l'homme est en quelque sorte prédestiné à subir ces passions, qu'il ne peut rien faire pour s'en libérer, et qu'elles le conduisent donc immanquablement à la déchéance et au malheur.

Des Grieux souligne souvent l'impossibilité où il se trouve de résister à l'amour qui s'empare de lui brutalement – « [...] qu'on m'explique donc par quel funeste ascendant on se trouve emporté tout d'un coup loin de son devoir, sans se trouver capable de la moindre résistance et sans ressentir le moindre remords » (p. 78) –, et la métamorphose qui s'ensuit. Le conflit traditionnel (que l'on trouve par exemple illustré dans *La Princesse de*

Clèves) entre la tentation et le remords qu'elle entraînerait devient caduc puisque toute résistance est impossible.

L'état de passion rend l'homme coupable, même si la passion est « un de ces coups particuliers du destin, qui s'attache à la ruine d'un misérable, et dont il est aussi impossible à la vertu de se défendre, qu'il l'a été à la sagesse de les prévoir » (p. 93). Des Grieux donne souvent l'impression d'assister passif à ses propres progrès dans la déchéance et le déshonneur, même s'il lui reste toujours assez d'amour-propre et de sensibilité pour « déplorer l'aveuglement d'un amour fatal, qui [lui fait] violer tous [ses] devoirs » (p. 94), et en particulier celui de l'amitié, et pour apercevoir, dans des éclairs de lucidité, « la honte et l'indignité de [ses] chaînes » (p. 94).

Mais cet amour est aussi ce qui l'ennoblit et constitue sa « gloire », ce qui le transforme en « héros de la passion », bref, en personnage de roman. Même si sa passion amène Des Grieux à un certain nombre de graves compromissions, la noblesse de cet amour est indéniable, par sa force, sa constance, la réalité des sacrifices matériels qu'il lui fait commettre, et la modération des désirs qu'il engendre.

Des Grieux ne souhaite rien d'autre que de pouvoir concilier sa passion avec une vie calme et retirée, qui se déroulerait dans « une maison écartée, avec un petit bois et un ruisseau d'eau douce au bout du jardin, une bibliothèque composée de livres choisis, un petit nombre d'amis vertueux et de bon sens, une table propre, mais frugale et modérée » (p. 77). Elle n'a donc rien d'un goût éhonté pour un libertinage immodéré, et si elle ne peut apporter à Des Grieux le bonheur, c'est moins en raison d'une tare « originelle » que de la responsabilité des hommes.

Le roman propose également une vision positive de la passion. Des Grieux le reconnaît lui-même dès le début : l'amour lui a ouvert l'esprit (p. 59), l'a rendu capable de « trouver de la clarté dans quantité d'endroits d'Horace et de Virgile, qui [lui] avaient paru obscurs auparavant » (p. 74), sans compter le bonheur fulgurant qu'il lui apporte parfois.

Dans la longue conversation qu'il a avec Tiberge à Saint-Lazare, il explique à son ami que les espérances qu'il a d'un bonheur avec Manon lui semblent plus proches, et plus réalisables, que celles d'une félicité « qui n'est certaine que par la foi » (p. 119).

> « De la manière dont nous sommes faits, il est certain que notre félicité consiste dans le plaisir ; je défie qu'on s'en forme une autre idée ; [...] avec des cœurs tels que nous les avons, [les délices de l'amour] sont ici-bas nos plus parfaites félicités » (p. 121).

Une lecture religieuse et allégorique ?

En 1753, Prévost reprend le texte de *Manon Lescaut* et en donne une nouvelle édition, corrigée et illustrée : en tête du roman une vignette, qui aurait été choisie par Prévost, représente Des Grieux en Télémaque guidé par un Mentor (Tiberge ?) beaucoup plus âgé, tandis qu'en arrière-fond une jeune fille semble tenter de le retenir (p. 50). Autour d'eux volettent de petits dieux Amours, tirant leurs flèches sur Des Grieux. La gravure est commentée par un vers tiré des *Odes* d'Horace, auteur auquel Prévost fait également allusion dans son *Avis*.

Cette double référence culturelle au roman de Fénelon – dont Renoncour est un lecteur fervent – et à un auteur de l'Antiquité latine semble inviter le lecteur à un décryptage allégorique.

En outre, à l'intérieur de l'histoire, les références religieuses ne manquent pas. Certains passages, notamment celui qui relate le séjour de Des Grieux à Saint-Sulpice après la première trahison de Manon, sont presque saturés de termes ou de thèmes empruntés à la religion. Ainsi, lorsque Des Grieux cède au tumulte qui le ramène vers Manon repentante, il s'exprime avec des bribes de discours théologique : « [...] tu es trop adorable pour une créature. Je me sens le cœur emporté par une délectation victorieuse » (p. 82). Le fidèle Tiberge emploie également souvent des termes religieusement très marqués : il parle ainsi à son ami d'« égarement », de la « vanité » ou du « poison du plaisir » (p. 75), de « criminels plaisirs » (p. 97) et de la « vanité des biens qui [l']ont enivré » (p. 97).

Dans le climat de discussions théologiques émanant des entretiens de Tiberge avec Des Grieux, il devient facile de voir en Manon la tentatrice, en Tiberge le représentant de la vertu chrétienne et en Des Grieux l'homme privé des lumières de la foi, le pécheur. Dès lors, le parcours de Des Grieux peut se lire allégoriquement comme une constante hésitation entre « amour divin » (tentation de la retraite et de la vie monastique au séminaire de Saint-Sulpice, p. 79) et « amour humain », ce dernier ayant le dessus jusqu'à la mort de Manon et la maladie de Des Grieux au Nouvel Orléans.

Dans cette optique, la fin du roman devient édifiante, célébrant un retour à l'ordre initial, à la vertu et à « la vie sage et réglée » (p. 218) de laquelle l'a éloigné malgré lui l'amour de Manon :

> « Mais le Ciel, après m'avoir puni avec tant de rigueur, avait dessein de me rendre utiles mes malheurs et ses châtiments. Il m'éclaira de ses lumières, qui me firent rappeler des idées dignes de ma naissance et de mon éducation. La tranquillité ayant commencé à renaître un peu dans mon âme, ce changement fut suivi de près par ma guérison » (p. 217).

Quant à Manon, elle est également touchée dans cette optique religieuse par la grâce et le repentir, et prend, à partir du moment où elle se retrouve enchaînée sur le chariot, des aspects de Marie-Madeleine repentie.

Tout ce qui précède l'épisode du Nouvel Orléans pourrait donc se lire comme une lente « descente aux Enfers » (*cf.* la métaphore filée de Des Grieux, parlant de « retomber dans le précipice », de « chute », de « fond de l'abîme », p. 78) jalonnée d'épreuves mais aussi d'avertissements signalant la présence proche du châtiment : lorsque Tiberge termine l'une de ses « harangues apostoliques » par la prédiction du vol de l'argent (p. 97), et que celle-ci vient à se réaliser une page plus loin, l'ordre du récit ne veut-il pas donner l'idée d'un avertissement divin ?

En plus de ces quelques repères qui peuvent sans doute évoquer le parcours et la « misère de l'homme sans Dieu » (selon Pascal), on peut trouver trace, dans le roman, de problématiques religieuses contemporaines : dans l'une des discussions entre Tiberge et Des Grieux (p. 118-121), le chevalier utilise des arguments jansénistes pour donner de lui l'image du chrétien privé de la grâce :

> « [...] c'est ici que je reconnais ma misère et ma faiblesse. Hélas ! oui, c'est mon devoir d'agir comme je raisonne ! mais l'action est-elle en mon pouvoir ? De quels secours n'aurais-je pas besoin pour oublier les charmes

de Manon ? Dieu me pardonne, reprit Tiberge, je pense que voici encore un de nos jansénistes » (p. 121).

Certains commentateurs ont également retrouvé dans le roman des échos de controverses tenues par les moralistes chrétiens, notamment sur le problème de la recherche du bonheur sur terre, et de sa conciliation éventuelle avec le bonheur céleste. Mais ce qui frappe surtout, c'est le mélange constant d'un vocabulaire chrétien et d'un autre païen, c'est l'irrespect religieux et la dérision envers Dieu dont témoignent certains de ses discours et c'est la difficulté permanente que l'on rencontre à vouloir interpréter le roman de façon univoque.

Au seul niveau lexical, le mélange de notions religieuses chrétiennes et de notions « païennes » n'est pas sans provoquer un léger effet de surprise chez le lecteur (irrespect envers la religion, signal d'humour ?) : comment concilier, en plein XVIIIe siècle, les dieux (connotation antique), la Fortune (connotation antique ou médiévale) et les appellations chrétiennes de Ciel ou de Providence ? D'autant que l'on trouve aussi, parée d'une majuscule, le terme Nature (p. 81), qui évoque une notion philosophique beaucoup plus contemporaine. Frais émoulu du séminaire, Des Grieux use en retrouvant Manon d'expressions théologiques trop marquées pour que Prévost ne veuille pas en souligner le ridicule : imaginons un instant Des Grieux susurrant à Manon qu'il « [se sent] le cœur emporté par une délectation victorieuse » (p. 82)...

En bon élève des jésuites, Des Grieux use en outre sans cesse d'arguments dont il détourne le sens allègrement, notamment en ce qui concerne les éléments de la doctrine janséniste. Il se dit ainsi incapable d'agir – « mais l'action est-elle en mon pouvoir ? » (p. 121) – parce que dépourvu de la grâce qui lui donnerait la volonté d'appliquer ses « propres principes ». Il se dit faible et privé de volonté, « asservi totalement à une passion qu'[il] ne [peut] vaincre » (p. 207) ; « De quels secours n'aurais-je pas besoin pour oublier les charmes de Manon ? » (p. 121) –, et, pour cette raison, proche des jansénistes – « [...] je n'éprouve que trop la vérité de ce qu'ils disent » (p. 121) – alors que ceux-ci prônent au contraire un effort constant de fermeté et de rigueur morale...

Mais Des Grieux impose également fermement un renversement total de leurs valeurs : il donnerait aisément « tous les évêchés du monde chrétien » pour Manon (p. 83), « tous les biens ecclésiastiques [...] ne sauraient tenir un moment, dans [son] cœur, contre un seul de [ses] regards » (p. 82). On peut même s'apercevoir qu'il subvertit totalement les termes mêmes des théologiens : ainsi, « les faveurs de la fortune » se retrouvent être de « folles imaginations », « la gloire » une « fumée », les « biens différents de ceux qu'[il] espère avec [Manon] sont des biens méprisables », « [...] ce qu'on dit de la liberté, à Saint-Sulpice, est une chimère » (p. 82)...

Ce vocabulaire, qui d'habitude accompagne la condamnation des plaisirs humains dans les sermons les plus austères, sert ici à désigner la vertu et la gloire acquises par une vie brillante au service de Dieu. Dans ce nouvel ordre de valeurs, Manon tient lieu à Des Grieux de « félicité », autre terme détourné de son contexte chrétien.

De plus, Des Grieux se sert aussi de la « Providence » comme moyen de justification de ses plus noirs projets. Après l'incendie et le vol de la caisse où se trouve renfermé leur argent, « [le] Ciel [lui] fit naître une idée, qui arrêta [son] désespoir » (p. 88) : or cette idée est d'exploiter la bêtise des riches par le vol ! Et le chevalier de se donner pour excuse l'ordonnancement même de la société, qui aurait été « arrangé [...] fort sagement » par... la Providence (p. 88) !

Il est prompt à louer la Providence lorsque ses desseins concorde avec les siens. Quand fort à propos Lescaut disparaît, assassiné dans la rue, le soulagement de Des Grieux est manifeste : « C'est quelque chose d'admirable que la manière dont la Providence enchaîne les événements » (p. 134). Quand le Gouverneur du Nouvel Orléans lui accorde un petit emploi, il l'accepte « comme une faveur du Ciel » (p. 206). Mais lorsque cette même Providence s'érige en justicière implacable, Des Grieux n'est pas loin de la révolte ouverte.

Plus on approche de la fin du roman, plus on sent monter sa colère. Vers le milieu de ses aventures déjà, on le sent perplexe face à « cette bizarre disposition de [son] sort » (p. 102). Il s'interroge, avec quelque agacement, sur cette « fatalité » qui l'a rendu « si criminel ». Pourquoi son père n'a-t-il pas voulu qu'il épouse Manon ? Pourquoi ses desseins honnêtes – tel le projet de mariage du Nouvel Orléans, qui produit la tragédie finale – se chargent-ils toujours de catastrophes qui lui paraissent imméritées ? Des Grieux se présente comme un abandonné des hommes et de Dieu : « Tout le monde me persécute ou me trahit [...]. Je n'ai plus de fond à faire sur personne. Je n'attends plus rien, ni de la Fortune, ni du secours des hommes. [...] Ainsi je ferme les yeux à toute espérance » (p. 195).

Après l'épisode de l'attaque manquée du convoi, il se dit victime « du plus cruel de tous les sorts » (p. 199), sans cesse « distingué par des excès » (p. 201) de malheur :

> « Mais se trouvera-t-il quelqu'un qui accuse mes plaintes d'injustice, si je gémis de la rigueur du Ciel à rejeter un dessein que je n'avais formé que pour lui plaire ? Hélas ! que dis-je, à le rejeter ? Il l'a puni comme un crime. Il m'avait souffert avec patience, tandis que je marchais aveuglément dans la route du vice ; et ses plus rudes châtiments m'étaient réservés, lorsque je commençais à retourner à la vertu » (p. 207).

Il s'offusque de la rigueur du sort que le Ciel lui réserve, et va même jusqu'à s'adresser directement à lui :

> « Ô Dieu ! que mes vœux étaient vifs et sincères ! et par quel rigoureux jugement aviez-vous résolu de ne les pas exaucer ? » (p. 213-214).

La mort de Manon et sa propre survie, alors qu'il n'aspire qu'à la rejoindre dans la mort, sont même interprétées comme un terrible effet de la colère du Ciel, « qui ne [le] trouva point sans doute assez rigoureusement puni » (p. 214). Cette expression est pleine d'une ironie amère, dont la violence permet de douter quelque peu de l'authenticité du retour final de Des Grieux à la sagesse chrétienne...

Un « traité de morale en exercice » ?

Les ambitions morales du roman font l'objet d'une préface originale. S'insérant d'abord dans la tradition de l'utilité morale du contre-exemple (c'est aussi ce que fera Pierre Choderlos de Laclos pour *Les Liaisons dangereuses*), Prévost revendique le droit « d'instruire [le public] en l'amusant » (p. 48) et promet au lecteur, « outre le plaisir d'une lecture agréable [...], peu d'événements qui ne puissent servir à l'instruction des mœurs » (p. 48). Mais il s'y interroge également de façon plus neuve sur « cette bizarrerie du cœur humain, qui [...] fait goûter [à l'être humain] des idées de bien et de perfection, dont il s'éloigne dans la pratique » (p. 48).

Le ton est donc d'emblée donné, d'autant que la narration est confiée à un narrateur d'âge mûr, Renoncour, qui, après avoir passé la première moitié de sa vie à courir le monde et les aventures, s'est désormais retiré dans un couvent pour y cultiver la sagesse et la vertu. L'autorité moralisatrice est, nous l'avons vu, encore renforcée par les ajouts apportés par l'édition de 1753.

Néanmoins, un certain nombre d'éléments viennent parasiter ces louables intentions et font (heureusement !) de ce roman tout autre chose qu'« un traité de morale en exercice » (p. 49)...

C'est d'abord cette attention constante faite, aussi bien dans la préface que dans le corps de l'histoire, au « plaisir » du lecteur : d'un côté, Prévost promet au lecteur « le plaisir d'une lecture agréable » (p. 48), de l'autre, Renoncour semble avant tout curieux « d'apprendre le détail de l'infortune [de Des Grieux] et les circonstances de son voyage d'Amérique », et lui fait « mille caresses » pour qu'il lui fasse le plaisir de lui raconter sa vie, ce que Des Grieux fait en s'exprimant « de la meilleure grâce du monde » (p. 56). Ce récit ressemble donc beaucoup plus à un divertissement qu'à un sermon. N'oublions pas dans quel cadre il est fait : un souper au *Lion d'Or*, en compagnie de gens de qualité.

Le plaisir du lecteur sera sans aucun doute attisé par la séduction exercée par le couple des amants. Leur grâce juvénile, leur gaieté insouciante, leur dynamisme intrépide et le malheur qui s'abat sur eux au moment même où ils entament leur réformation font d'eux un pôle plus attractif que répulsif... D'autant que les méfaits dont ils sont indéniablement coupables visent une société elle-même corrompue et hypocrite, bien peu digne de la compassion du lecteur.

Quant à Manon, elle échappe à la binarité des termes fondant traditionnellement les jugements de valeur. Elle est d'ailleurs la seule héroïne de toute l'œuvre de Prévost à ne pas « entrer » dans le système moral traditionnel, et l'une des premières héroïnes de la littérature romanesque à ne pas se plier aux références héroïques ou courtoises.

Elle n'est en effet pas vénale, et ne « trahit » Des Grieux que pour donner une chance de survie à leur amour. L'argent, les bijoux qu'elle soutire, ne visent pas à satisfaire sa vanité ni sa cupidité mais à lui permettre de vivre librement et dans la gaieté un amour menacé. Elle refuse les fortunes et les hôtels particuliers pour suivre un pauvre hère désargenté. Elle a de l'esprit et ne s'abaisse pas à flatter les puissants : ses plaisanteries moqueuses à l'égard du Prince italien ou du vieux G... M... tombent toujours juste. Courageuse, elle tente de profiter de chaque moment que lui offre une vie dont le statut fragile pourrait tout aussi bien la désespérer. Manon est en marge de la moralité. C'est pourquoi son cas n'est certainement pas imaginé par Prévost pour être jugé, mais simplement observé.

Rien ne dit que la « triste » fin de Manon prouve l'échec du plaisir et, surtout, la condamnation de sa recherche. Quant au plaisir du lecteur, ne vient-il pas plus de l'intrigue « libertine « que de la tentative de moralisation finale ?

Ce qui gêne également le dégagement d'une leçon morale, et place l'intérêt de ce roman sur un autre plan, c'est qu'après avoir pris soin d'introduire massivement un certain nombre d'instances auctoriales et morales, Prévost termine son roman sans redonner la parole à aucune de ces instances.

Le récit reste donc comme ouvert et l'ambiguïté morale demeure : si Tiberge, reconduisant son ami en France et le ramenant à des idées dignes de son rang, semble bien vainqueur, on ne peut s'empêcher de remarquer en même temps que, si Des Grieux abandonne la voie de l'amour, il ne le fait que parce que Manon est morte, mais que jamais les conseils de son ami n'ont eu sur lui la moindre influence. D'ailleurs, le chevalier semble plus regretter la perte de Manon (p. 214) que les écarts qu'il a commis.

Mais peut-être le roman propose-t-il surtout une réflexion, prolongée par les autres romans de Prévost, sur la manière d'enseigner la morale ? Les prédicateurs se trompent, clame Des Grieux, lorsqu'ils promettent pour

« ailleurs » des plaisirs plus charmants que ceux que l'on goûte sur terre par l'amour :

> « Prédicateurs, qui voulez me ramener à la vertu, dites-moi qu'elle est indispensablement nécessaire ; mais ne me déguisez pas qu'elle est sévère et pénible » (p. 120).

La force de l'exemple inséré dans la fiction peut-elle vraiment servir de garde-fou aux lecteurs auxquels s'adresse Prévost ? Leur jugement est de toute façon influencé par la voix unique qu'ils entendent, et qui est celle de Des Grieux : son point de vue s'impose, car il est la source de la narration.

IV

ÉCHOS ET CORRESPONDANCES

À travers l'œuvre de Prévost : portrait de femmes

Un autre roman plus tardif de Prévost, l'*Histoire d'une Grecque moderne* (1740), présente des points communs et des différences avec *Manon Lescaut*. Les rapprocher permet de mettre en lumière un certain nombre de constantes de l'imaginaire prévostien. La *Grecque moderne* est l'histoire, racontée par un narrateur ambassadeur à Constantinople, d'une jeune esclave issue d'un harem, libérée par le narrateur qui en tombe amoureux fou mais qui jamais ne parviendra à se faire aimer d'elle, malgré la générosité de ses offres, qui vont jusqu'à celle du mariage. Théophé, c'est le nom que la jeune esclave se donne en sortant du harem, apprend de son bienfaiteur les valeurs morales de vertu et de sagesse dont son passé d'esclave l'a privée et décide de racheter la honte de ses premières années, dont elle n'est pourtant pas responsable, par la pratique la plus rigoureuse de la vertu telle qu'elle s'imagine que les femmes occidentales la cultivent.

La métamorphose de Théophé plonge le narrateur dans les affres de la passion et, bientôt, de la jalousie. Il en vient à soupçonner tous ceux qui l'approchent d'entretenir avec elle un commerce amoureux. De son côté, celle-ci adopte parfois une conduite équivoque mais parvient toujours à convaincre son admirateur de son innocence, grâce à l'intelligence de ses discours. Le narrateur sombre progressivement dans l'aliénation de la jalousie mais tente, par son récit, de se disculper aux yeux de son lecteur et d'accumuler les preuves de la trahison de Théophé. Cependant, le lecteur ne saura jamais où se trouve la vérité, et qui se cache derrière cette figure féminine fascinante.

Comme dans *Manon Lescaut*, il s'agit d'une femme vue par un homme qui l'aime, ne la comprend pas, et tente de se l'approprier en la façonnant selon ses désirs. L'une se donne, l'autre résiste, l'une aime, l'autre pas, l'une s'enfonce, l'autre s'élève, l'une incarne la frivolité, l'autre la sagesse, mais toutes deux résistent à la tentative d'appropriation dont elles sont l'objet, comme leur personnalité résiste à la tentative d'élucidation – et d'accusation voilée – que forme la narration. Toutes deux s'effacent à la fin et meurent sans gloire, mais sont rendues immortelles par le récit, ici presque accusateur, là plus pathétique, de leur admirateur.

Le récit des deux narrateurs est à chaque fois un récit d'auto-justification, un plaidoyer *pro domo* visant à émouvoir, marqué du sceau de l'impossible objectivité : « Qui me croira sincère dans le récit de mes plaisirs ou de mes peines ? Qui ne se défiera point de mes descriptions et de mes éloges ? Une passion violente ne fera-t-elle point changer de nature à tout ce qui va passer par mes yeux ou par mes mains ? En un mot, quelle fidélité attendra-t-on d'une plume conduite par l'amour ? », demande dans son exorde le narrateur de l'*Histoire d'une Grecque moderne*.

Le parcours de la Grecque est exemplaire dans la mesure où sa passion pour la vertu la transforme en une femme libre, intelligente, raisonnée et cultivée. À la différence de Manon, Théophé se montre habile à convaincre ceux qui l'écoutent de la vérité de ce qu'elle dit. Mais est-ce seulement rhétorique, ou discours inspiré par la force de la vérité ? De quel côté se situe le vrai ?

La conclusion du roman, avec le détachement progressif du narrateur et le désenchantement dont il fait preuve une fois libéré de cet amour aliénant, n'est pas sans rappeler les étapes et la fin de l'histoire de la passion de

Swann pour Odette dans *Du côté de chez Swann* (1913), s'apercevant, non sans une certaine amertume, qu'il a voulu mourir pour une femme qui n'était « pas son genre ». Le thème d'une vérité de l'être aimé sans cesse fuyante, inaccessible à celui qui en est le plus proche, évoque aussi l'histoire du narrateur de À la Recherche du temps perdu (1913 à 1927) avec Albertine, de même que le thème de l'enfermement dans une jalousie obsédante, sous l'emprise de laquelle tout semble se transformer.

Dans *Manon Lescaut* comme dans la *Grecque moderne*, Prévost semble fasciné par les possibilités vertigineuses du récit de « souvenir » à la première personne, fait par un narrateur impliqué cherchant à atteindre une vérité qui lui a échappé au moment des faits, pour percer le mystère et les contradictions d'un être, dominer la souffrance causée par sa disparition et, peut-être, atténuer le sentiment de responsabilité qu'elle lui cause.

La postérité du personnage de Manon

Faire d'une courtisane l'héroïne d'un roman à vocation morale est un des tours de force réalisés par l'*Histoire du chevalier*. Plus peut-être que le XVIIIe siècle lui-même, qui a créé après *Manon* des héroïnes féminines d'un autre style, le XIXe siècle a été très fortement inspiré par le personnage de Manon, comme en témoignent les nombreuses œuvres – drames, opéras, poèmes et romans – qui se sont inspirées de l'œuvre et du personnage, mais il n'en a gardé ni la profondeur, ni la gaieté. En le tirant du côté du tragique le plus sombre, ou en en donnant une version très schématique, celle de la courtisane rachetée par la pureté d'un amour sincère, le mouvement romantique l'a beaucoup alourdi et, en quelque sorte, changé de nature.

L'analyse suivante, trop brève pour ne pas être superficielle, permet néanmoins de dégager différents aspects de l'exploitation idéologique que le XIXe siècle a faite de ce personnage et de son histoire :

Le célèbre poème d'Alfred de Musset *Namouna* – « Manon ! Sphinx étonnant ! Véritable sirène [...] » – évoque **le mystère** de Manon, en adoptant le point de vue de Des Grieux et de Renoncour, faisant « mille réflexions sur le caractère incompréhensible des femmes » (p. 55). De cette idée d'un mystère féminin, on arrive parfois à une vision extrêmement schématique de la personnalité féminine, mélange d'angélisme et de vice : la Carmen de la nouvelle de Prosper Mérimée (1845) est une femme à la fois perverse et innocente, fidèle et débauchée, également à l'aise dans le luxe et la misère. Mais ce personnage est aussi une meurtrière qui tue ou fait tuer tous ceux qui s'opposent à elle. L'opéra de Georges Bizet qui en est tiré, *Carmen* (1875), met l'accent sur la dimension passionnelle du personnage.

Le **rachat de la femme pécheresse par l'amour** est le thème qu'exploite le drame en cinq actes de Victor Hugo *Marion Delorme* (1831). La pièce raconte l'histoire, sous le règne de Louis XIII, d'une belle courtisane éprise d'un gentilhomme chevaleresque et mystérieux, Didier, pour lequel elle sacrifie son honneur, afin de le sauver de la mort. Hugo exploite ici un thème qui lui est cher, et que l'on retrouve dans *Les Misérables*, celui du respect dû à la femme dont la chute dans le déshonneur est en même temps le signe d'une élévation généreuse.

Un autre texte, à la fois roman (1848) et pièce de théâtre (1852), *La Dame aux camélias* d'Alexandre Dumas fils, exploite également la dimension morale et sociale de ce thème avec le personnage de Marguerite Gautier, courtisane sincèrement éprise d'un jeune homme de bonne famille, Armand Duval, qu'elle quitte pour ne pas nuire à la suite de sa carrière. L'auteur ne se cache pas d'avoir voulu réécrire le roman de Prévost, transposé au XIXe siècle.

George Sand n'est pas non plus indifférente à la lecture de Manon Lescaut. En 1834, elle fait paraître un roman, *Leone Leoni*, avec l'idée d'inverser le rôle masculin et le rôle féminin, pour donner encore plus de force à la passion.

Émile Zola, dans *Nana* (1880), neuvième roman de la série des Rougon-Macquart, prend pour personnage principal une courtisane issue des couches populaires, dont la beauté est convoitée de tous les hommes qui l'approchent, mais qui n'aime aucun d'entre eux. Complètement en marge des notions morales de bien et de mal, Nana est le symbole de la corruption morale de la haute société du second Empire. Mais elle ressemble peu à

Manon car elle reste toujours en deçà de l'amour et manifeste une vulgarité dont Manon est entièrement dépourvue.

Adaptations lyriques et cinématographiques

Malgré les difficultés d'une transposition du texte de Prévost pour l'opéra, dues au mélange des genres effectué par le roman et à la nécessaire simplification psychologique et dramatique que requiert un livret lyrique, il existe sept opéras tirés de l'*Histoire du chevalier Des Grieux et de Manon Lescaut*. Parmi les plus connus on trouve *La Traviata* (1853) de Giuseppe Verdi, sur un livret de Francesco Maria Piave, qui adapte et transpose au XVIIIe siècle *La Dame aux camélias* d'Alexandre Dumas fils ; l'opéra-comique *Manon Lescaut* d'Esprit Auber (1856), le *Manon* de Jules Massenet (1884), opéra-comique en cinq actes, et le drame lyrique *Manon Lescaut*, de Giacomo Puccini (1893).

L'analyse de ces opéras montre que les choix effectués par les librettistes modifient le caractère de l'héroïne de Prévost, ou, plutôt, le fixent dans une signification unilatérale, alors que le roman se contentait de suggérer différents traits, paradoxaux, de sa personnalité. Ces choix apposent sur l'*Histoire du chevalier* une couleur romantique, sentimentale ou naturaliste dont le roman est dépourvu. En dehors des différences de texte, la musique apporte également à l'œuvre de Prévost une dimension nouvelle : le genre de l'opéra-comique témoigne d'une tentative intéressante pour rendre compte du mélange de tragique et de comique présent dans le roman.

Manon Lescaut a également inspiré de nombreuses adaptations cinématographiques, dont la plus célèbre, en France, est le film *Manon* de Henri Georges Clouzot (1949) avec, dans le rôle principal, l'actrice Cécile Aubry. Ce film transpose l'histoire de Manon au XXe siècle.

V

ANNEXES

Histoire et accueil de l'œuvre, du XVIIIe siècle à nos jours

Le succès du roman ne s'est pratiquement jamais démenti depuis sa parution. C'est un des romans de notre littérature à avoir été le plus souvent réédité.

Au XVIIIe siècle

Au XVIIIe siècle, il paraît pour la première fois en Hollande, en 1731. Il est donné comme tome VII des *Mémoires d'un homme de qualité*, et lu comme tel. Ce n'est qu'en juin 1733 qu'une édition de l'*Histoire du chevalier Des Grieux et de Manon Lescaut*, indépendante des *Mémoires*, voit le jour. Le succès est d'emblée très grand, mais c'est en partie un succès de scandale.

Les censeurs (dont beaucoup de jésuites) s'insurgent et, peu après sa sortie, en octobre 1733, **le livre est saisi**. Les défenseurs du roman sont pourtant actifs : des journalistes (La Barre de Beaumarchais, Desfontaines) mais aussi des écrivains connus (Voltaire, Montesquieu) prennent acte de la sortie du livre et en félicitent l'auteur. À partir de 1735, le scandale s'apaise quelque peu, et les réimpressions se succèdent, à Paris et à Amsterdam. En 1753, Prévost fait paraître une nouvelle édition (chez Didot), corrigée et superbement illustrée d'eaux-fortes, qui consacre la gloire du roman. Néanmoins, jusqu'à sa mort (1763), c'est surtout en tant qu'auteur des *Mémoires d'un homme de qualité* et de *Cleveland* qu'est connu l'abbé Prévost.

C'est à la fin du XVIIIe siècle que *Manon Lescaut* commence à être véritablement apprécié, non plus en tant que tome sept et dernier des *Mémoires*, mais comme roman à part entière.

Au XIXe siècle

Là commence véritablement la carrière de chef-d'œuvre de l'ouvrage, qui perdurera tout au long du XIXe siècle, malgré un petit déclin sous l'Empire (comme pour beaucoup de romans du XVIIIe siècle). Avec la Restauration et le développement du mouvement romantique, le livre connaît un succès prodigieux, et beaucoup de rééditions, souvent préfacées par des écrivains très célèbres (Jules Janin, Charles Augustin Sainte-Beuve, Alexandre Dumas fils, Guy de Maupassant...). Ce succès a malheureusement contribué à éclipser les autres romans de Prévost (dont l'*Histoire d'une Grecque moderne*), qui ne seront redécouverts que tardivement, notamment grâce au travaux de Jean Sgard.

Au XXe siècle

Le roman continue de fasciner. Les critères de goût ont changé, la critique littéraire s'est développée : ce n'est plus sur le miracle de l'attendrissement paradoxal suscité par le destin d'une « fille » et d'un « fripon » que l'on se penche, mais sur les questions de technique narrative, de point de vue et de rhétorique, sur les enjeux politiques et idéologiques développés par le romancier ainsi que sur sa contribution à l'évolution romanesque.

Évolution des lectures

Après le XVIIIe siècle, le XIXe siècle a énormément apprécié *Manon Lescaut* qu'il a lu séparément du reste des *Mémoires et aventures*. Mais la lecture qu'il en a fait projette sur le roman une sensibilité plus proche du goût romantique que de l'esprit du XVIIIe siècle. C'est ce que nous appelons la « lecture romantique ». Elle attribue une valeur absolue au « je », à la posture de sincérité qu'il adopte, sans tenir compte de la distanciation opérée par la dimension rhétorique des discours de Des Grieux et par la présence d'éléments comiques. On ne voit pas encore que, plus que le libertinage et le vice, c'est l'esprit même du XVIIIe siècle, son audace et ses tensions, que Manon évoque.

Après avoir longtemps bénéficié du statut de personnage pathétique, attachant et sincère, Des Grieux a conquis aujourd'hui une nouvelle notoriété, celle d'un personnage truqueur, souvent de « mauvaise foi », toujours en « représentation », habile à jouer des ressources de la rhétorique.

Ainsi, peu à peu, l'intérêt des lecteurs se déplace de la légèreté de Manon à la subjectivité de Des Grieux, de l'objet du récit à son « sujet ». Le « scandale » change aussi progressivement de nature, mais le succès demeure. Et la richesse du roman semble encore loin d'être épuisée...

Quant à l'œuvre dans son ensemble, on tend aujourd'hui à la lire différemment : la présence de scènes comiques, voire lourdement farcesques, la façon même qu'a Prévost de gommer le côté tragique de la mort de Manon (qui meurt d'une marche à pied de quelques kilomètres seulement), sont de plus en plus étudiées dans le sens d'une histoire beaucoup plus en harmonie avec l'esprit critique et la joie de vivre individualiste du XVIIIe siècle.

Petit glossaire : repères socioculturels

L'argent

Au XVIIIe siècle, le système des monnaies n'est pas encore unifié. On trouve indifféremment pour la même valeur ou une valeur proche des termes variés.

La livre et le franc ont exactement la même valeur. Elle est de vingt sols. La différence entre les deux termes est uniquement d'usage : on emploie francs pour les petits nombres, tandis qu'au-delà de mille on parle de livres.

Quand il s'agit de rentes, on emploie livres, qui a une connotation plus noble.

Le louis d'or, créé en 1640, vaut exactement cinq livres dix sols (on emploie livres quand il y a des décimales en sols). Mais, dans le langage courant du XVIIIe siècle, quand on parle de louis, on parle en réalité de double louis, qui vaut onze francs. Quant à la pistole, c'est une monnaie venue d'Espagne et d'Italie, qui a la valeur théorique et le poids du louis, soit onze francs. Néanmoins, le change rend sa valeur variable. Vers 1710, elle vaut quatorze francs, vers 1740, seulement dix.

L'écu d'or vaut près de six francs, d'argent, trois francs au moment de sa création, cinq francs vers 1715. C'est de cet écu de cent sous (un demi-louis d'or) qu'il est question dans le roman.

Lieux, institutions et fonctions civiles

Les prisons de Paris

Saint-Lazare est un couvent tenu par des lazaristes servant de maison de correction pour les fils de bonne famille coupables d'inconduite, tandis que l'Hôpital général (ou Salpêtrière) recueille surtout les mendiants et les prostituées. Le Petit-Châtelet (rive gauche de la Seine), ou Châtelet, est réservé aux personnes poursuivies pour dettes.

L'armée et la police

Sous l'Ancien Régime, les soldats sont très souvent des mercenaires. D'où la possibilité de leur demander, comme dans le roman, des services illégaux contre rémunération. Dans le récit, Des Grieux distingue soldat aux gardes (p. 193) et gardes du corps, compagnie dont fait partie Lescaut.

Les troupes de police, composées d'archers, sont plus disciplinées que ces corps de soldats qui, en temps de paix, sont désœuvrés. Le Prévôt de Paris, chef suprême de la justice, siège au Grand Châtelet (rive droite) et a à sa disposition plusieurs lieutenants, dont le Lieutenant général de Police, qui est le chef de toute la police à Paris.

La vie religieuse

L'abbé

Ce terme comporte deux acceptions. Dans l'Église catholique, c'est un religieux élu par sa communauté à la tête d'une abbaye (abbé régulier). Du XVIe au XIXe siècle, on appelait abbé commendataire, ou séculier, celui qui était placé à la tête d'une abbaye par un pouvoir extérieur (pape, roi...) mais ne remplissait pas de fonction religieuse.

Le terme « abbé » s'emploie également, depuis le XVIIIe siècle, dans le sens général d'ecclésiastique. C'est notamment le titre donné à un prêtre séculier ordinaire, non détenteur d'un bénéfice (revenus de biens d'Église attachés à une charge d'ecclésiastique).

Le chevalier de Malte

L'Ordre de Malte est un ordre à la fois chevalier et militaire, réservé à la noblesse. On peut y entrer dès l'âge de seize ans, à condition de faire la preuve d'une noblesse remontant au bisaïeul. D'abord établis à Rhodes (XIVe siècle), les chevaliers de cet ordre reçoivent de Charles Quint au XVIe siècle la souveraineté de l'île de Malte.

Les études de théologie et le collège de Sorbonne

Les études de théologie durent normalement cinq années – deux sont consacrées à la philosophie, trois à la théologie. Après quoi on reçoit le titre de bachelier. Des Grieux achève sa philosophie à Amiens et commence donc normalement, après sa première aventure avec Manon, sa première année de théologie au séminaire de Saint-Sulpice, lors du début de l'année scolastique. La Sorbonne est un des collèges de Paris (le collège de Navarre en est un autre, fort célèbre), mais désigne également par extension l'ensemble de la Faculté. Les élèves de tous les collèges viennent y faire leurs « exercices » : il s'agit de soutenir, devant un jury, et pendant plusieurs heures d'affilée, des arguments différents.

La doctrine janséniste

Opposé au jésuitisme, en position de force depuis 1713 (destruction de Port-Royal des Champs), le jansénisme est un courant contestataire rigoriste et pessimiste issu de l'augustinisme (pensée religieuse inspirée de saint Augustin). D'après Jansénius, la grâce efficace, expression de la puissance divine, n'est pas accordée également à chaque homme, quelque méritant qu'il soit : certains hommes sont prédestinés, d'autres pas, selon la volonté secrète de Dieu. Cette doctrine ne prône pourtant pas le renoncement à toute volonté (puisque l'homme, quoi qu'il fasse, est prédestiné), mais, au contraire, une très grande fermeté morale, si bien que les jansénistes représentent en pleine Église catholique le principe même de la théologie protestante.

L'art de vivre

L'honnête homme

À la fois morale (celui qui connaît les bienséances et les applique) et sociale, cette notion évoque l'idéal de la société noble d'Ancien Régime. L'honnête homme est un homme cultivé, sociable, toujours à son aise dans « le monde », mais c'est aussi un homme qui a de la naissance. Surtout en usage au XVIIe siècle, cette expression est, semble-t-il, équivalente, chez Prévost, à celle d'« homme de qualité », qui désigne un homme de haute naissance, dont l'air et les manières témoignent d'esprit, de goût, et de sensibilité.

Sentiments et passions

Ils sont, chez Prévost, l'expression d'une très grande sensibilité, les signes d'une sorte d'aristocratie du cœur. Le mot passion a un sens plus général qu'aujourd'hui. Une passion est l'agitation de l'âme en présence de tout objet extérieur : on ne la gouverne pas, on la subit. Contrairement au XVIIe siècle dont le discours condamne la passion, le XVIIIe siècle cherche une possibilité d'alliance du cœur et de la « raison », une passion modérée, expression d'une humanité proche de la vertu.